MICHAEL SCHUMACHER
Leben für die 1

Herausgegeben von Willy Knupp

ZEITGEIST VERLAG

Düsseldorfer Straße 49
40545 Düsseldorf
Tel. 0211-556255, Fax 0211-575167

Vertrieb Verlag Ullstein GmbH, Berlin

Herausgegeben von Willy Knupp
im Auftrag von RTL Television

Mit Beiträgen von

Willi Bergmeister
Flavio Briatore
Jürgen Dilk
Bernard Ecclestone
Gerd Hofmann
Willy Knupp
Hartmut Lehbrink
Jochen Mass
Rolf Moll
Jochen Neerpasch
Adolf Neubert
Gerhard Noack
Christoph Schulte
Michael Schumacher
Ralf Schumacher
Willi Weber

Konzept und Redaktion
Hubert Bücken

Produktion
Jörg Beckmann

Titelgestaltung
Frank Wiedemeier

Lithos
Publishing Partner Bochum

Druck
Mohndruck

Printed in Germany
ISBN 3-926224-90-8

Bildnachweis

Lukas T. Gorys: Titel, Rücktitel (2), 2, 3, 10, 21, 23, 28, 48, 58, 70/71 (2), 71 (2), 72, 72/73, 74, 75 (2), 76/77, 77, 78, 79, 80, 80/81, 81 (5), 82, 82/83, 84, 86/87, 87, 90 (2), 91 (2), 92 (4), 92/93, 94/95, 96 (2), 97 (3), 98 (3), 99, 100/101, 102, 102/103, 104/105, 106/107 (2), 107, 108, 108/109, 109 (2), 110 (3), 111 (3), 112, 113 (2), 116 (2), 118/119, 120/121, 121 (3), 122, 122/123, 124 (2), 125, 126, 127 (2), 128 (2), 129 (2), 130/131, 134 (3), 135 (2), 136 (2), 138, 139, 142, 148, 150/151, 154, 155, 156, 157 (2), 158 (2), 159, 160, 164, 165 (3), 168, 169, 172

AP: 136, **ASA:** Titel, 1, 2, 6, 8/9, 11, 46, 48/49, 50/51, 51, 139, 142/143, 145 (2), 165, **ATP:** 93, **Autobild/Lindlahr:** 135, 175, **Beckmann:** 23, 36, **Benetton:** 144, 158, **Bongarts:** Titel, 2, **Debionne/Bunte:** 146/147, **Dekra:** 166, 167 (3), **Dilk:** 18/19, 20, 22, 28/29, 30, 33, 38/39, 40, 40/41, 42, 43, 44/45, **Froidevaux:** Rücktitel, 128, **Kasan:** 37, 47, 139, **Kettler:** 53, 66/67, **Kräling:** Rücktitel (2), 2, 3, 46/47, 47, 52, 56, 56/57, 64/65, 140, 137, 145, 162/163, 169, **Lehbrink:** 160, 161, **Mercedes:** 58/59, 60, 60/61, 62/63, 63, 69, **Neubert:** Rücktitel, 2, 24/25, 31, 34, 34/35, **Noack:** Titel, 3, 22, 24, 26/27, **Reinhard:** 12/13, 144/145, 174, 175, **RTL:** 127, 137 (2), 168, **Sandten:** Titel, 170/171, 172, **Schaller:** 96, 149, **Sonntag:** 4/5, **Sutton:** 15, 16/17, 54/55, 55, 68, 88/89, 104 (2), 112, 114/115, 112/123, 132/133, 176, **Upietz:** 66/67

VORWORT

Inhalt

KARTZEIT

DER WEG NACH OBEN

FORMEL 1

Michael Schumacher kommentiert seine Formel-1-Jahre

DIE WELT DES MICHAEL SCHUMACHER

KURZBIOGRAFIE

Geburtstag	3. Januar 1969
Geburtsort	Hürth-Hermülheim bei Köln
Eltern	Vater Rolf, Mutter Elisabeth
Geschwister	Ralf, geb. 30. Juni 1975
Wohnort	Monte Carlo
Größe	174 cm
Gewicht	68 Kilogramm
Familienstand	verlobt mit Corinna Betsch
Erlernter Beruf	Kfz-Mechaniker
Hobbies	Kartfahren, Motorradfahren, Yachting
Freizeitsport	Radfahren, Joggen, Fußball
Musik	Rock, Tanzmusik
Lieblingssänger	Michael Jackson, Phil Collins, Marianne Rosenberg
Lieblingsküche	italienisch
Liebstes Getränk	Apfelsaft mit Mineralwasser
Karriere	**1983** Kart, Erste Rennen **1984** Kart Junioren, Deutscher Meister **1985** Kart Junioren, Deutscher Meister, WM 2. Platz **1986** Kart, 3. Pl. Deutsche Meisterschaft **1987** Kart, Deutscher Meister, Europameister **1988** Formel König, Deutscher Meister Formel Ford 1600 DM, 6. Platz Formel Ford 1600 EM, 2. Platz **1989** Formel 3, DM 3. Platz **1990** Formel 3, Deutscher Meister Gruppe C, WM 5. Platz, Markenweltmeister **1991** Gruppe C, WM 9. Platz Formel 1 Jordan-Ford, Benetton-Ford, 4 P., 12. Pl. **1992** Formel 1 Benetton-Ford, 53 Punkte, 1 Sieg, 3. Pl. **1993** Formel 1 Benetton-Ford, 52 Punkte, 1 Sieg, 4. Pl. **1994** Formel 1 Benetton-Ford, 92 P., 8 Siege, Weltmeister **1995** Formel 1 Benetton-Renault

FORMEL-1-BILANZ

(Stand vor der Saison 1995)

GP-Starts	**52**
Pole-positions	**6**
Siege	**10**
WM-Punkte	**201**

AUTOGRAMM-ADRESSE

Benetton Formula Ltd.
Whiteways Technical Centre
Enstone, Chipping Norton
Oxfordshire OX7 4EE
England

Tel. 0044-608-678000
Fax 0044-608-678609

Fußball ist nicht sein Lebe

ɔer ein Hobby. Wenn das Zuspiel mit Flavio Briatore auch hier klappt, dann leuchten Michaels Augen

MICHAEL SCHUMACHER

Liebe Freunde!

Ich kann Ihnen beim besten Willen nicht mehr sagen, wie viele Interviews ich in meinem Leben gegeben habe, auf wie vielen Pressekonferenzen ich war, wieviele Kolumnen ich in den letzten Jahren bereits geschrieben habe. Und trotzdem ist es diesmal etwas Besonderes.

In diesem Buch werden Sie viel erfahren: Über mich als Privatperson, über meine Anfänge als Rennfahrer, über erste Erfolge, über die Zusammenarbeit mit meinem Manager Willi Weber, über meinen Einstieg in die Formel 1, über Höhen und Tiefen in diesem extremen Sport – letztendlich also alles über mein „Leben für die 1“.

Erzählt wird dies in diesem Buch von Menschen, die es wirklich wissen. Menschen, die meinen Weg an die Spitze des internationalen Motorsports nicht nur begleitet haben, sondern ihn oft genug erst ermöglichten.

So gerade ein Weg im nachhinein erscheint, so zwingend eine Biographie im Rückblick auch aussieht, so sicher ist doch auch, daß es in Wirklichkeit eine ganze Menge Weichen an diesem Weg gab. Weichen, hinter denen sich Alternativen und Unwägbarkeiten versteckten. Weichen, an denen keiner mit Sicherheit sagen konnte, welche Stellung die richtige ist, welche Lösung auch tatsächlich das angestrebte Ziel erreichen läßt.

Ich weiß nicht, wie oft mir die Frage gestellt wurde, was denn das Geheimnis hinter meinem Erfolg sei. Ich weiß aber genau, was ich geantwortet habe. Und ich weiß ebenfalls, daß diese Antwort keine Koketterie war, sondern tiefe Überzeugung: Mein großes Glück in meiner Karriere als Motorsportler war von Anfang an, daß ich zum richtigen Zeitpunkt die richtigen Menschen kennengelernt habe. Menschen, die mir weiterhelfen konnten und – was mindestens genauso wichtig ist – Menschen, die auch weiterhelfen wollten.

Wenn Sie sich in diesem Buch die einzelnen Kapitel ansehen, so sind deren Verfasser auf den ersten Blick nur schwer unter einen Hut zu bringen. Was hat zum Beispiel der Kerpener Karthändler Gerd Noack mit dem großen, international bekannten Formel-1-Macher Bernie Ecclestone zu tun? Oder der Aachener Automatenkaufmann Jürgen Dilk mit dem weltgewandten Benetton-Teamchef Flavio Briatore? Auf den ersten Blick nicht viel. Aber wenn man es durch meine Augen betrachtet, jede Menge.

Es gibt keine fertigen Weltmeister, man kommt nicht als Formel-1-Champion auf die Welt, und außer Regen fällt nichts vom Himmel. Vielleicht muß man sich das alles wie beim Bau eines großen Hauses vorstellen. Das schönste Dachgeschoß taugt nichts, wenn das Fundament nicht trägt. Und jedes Stockwerk braucht das andere, von unten nach oben.

Das soll heißen: Ein Flavio Briatore hätte mir nie seinen Benetton anvertrauen können, wenn sich nicht ein Gerd Noack oder ein Jürgen Dilk meiner in frühesten Tagen angenommen hätten. Und die beiden Männer der ersten Stunde, Noack und Dilk, hätten nie die Befriedigung und die Bestätigung für ihr damaliges Engagement erfahren, wenn nicht Jahre später ein Briatore mich in ein Formel-1-Team aufgenommen hätte, mit dem ich dann in letzter Konsequenz sogar Weltmeister werden konnte.

Jetzt bin ich Weltmeister. Ich werde vor Beginn der neuen Saison immer wieder gefragt, wie es denn nun um meine Motivation bestellt sei. Was ich denn noch erreichen wolle, wo das große Ziel der Weltmeisterschaft doch bereits abgehakt sei.

Vielleicht zahlt es sich jetzt aus, daß es früher nie mein Ziel war, Formel-1-Rennfahrer oder gar Formel-1-Weltmeister zu werden. Ich hatte eigentlich immer nur eines im Sinn: Das, was ich gerade mache, so gut wie möglich zu tun. Mit vollem Einsatz, mit allem, was ich zu geben imstande bin. Es war immer meine Überzeugung, daß sich dann alles Weitere schon ergeben wird. Also kann ich jedem versichern, daß ich auch in diesem wie in den folgenden Jahren versuchen werde, was ich immer angestrebt habe: Mein Bestes zu geben. Ein Motivationsproblem paßt da gar nicht in mein Lebenskonzept.

Und auch unter einem anderen Gesichtspunkt habe ich keine Angst vor mangelnder Motivation. Den Weltmeistertitel habe ich gewonnen. Diesen Titel kann mir keiner mehr nehmen. Wenn man in der Lage ist, Grand-Prix-Rennen zu gewinnen, erwarten die Leute, daß man um den Titel fährt. Das liegt in der Natur des Rennsports.

Nur zu natürlich ist aber auch, daß sich für jeden Fahrer eines Topteams ein ungeheurer Erwartungsdruck aufbaut. Und je länger der Kampf um den Titel dauert, je mehr Anläufe genommen werden müssen, desto größer wird dieser Druck.

Ich muß dabei immer an zwei herausragende Fahrerpersönlichkeiten denken: Alain Prost und Nigel Mansell. Alle wußten, daß diese beiden das Zeug zum Weltmeister hatten, und ihre zahlreichen Formel-1-Siege waren die deutliche Bestätigung. Und doch: Wie lange hat es bei den beiden gedauert, bis es endlich geklappt hat. Jedes Jahr wurde, was den psychischen Druck anging, schlimmer als das vorherige. Genau das kann mir jetzt nicht mehr passieren.

Zwar stehe ich noch immer am Anfang meiner Formel-1-Karriere, und ich bin gerade mal 26 Jahre alt, aber ich habe schon den Titel.

Ich kann mir noch nicht vorstellen, wie es ist, wenn man das zweite- oder drittemal um den Titel kämpft. Ich weiß nur, daß ich diesen Erwartungsdruck, den jeder Fahrer vor der ersten Weltmeisterschaft hat, nie mehr haben werde.

Und eines ist auch schon sicher: Je weniger Druck sich um einen herum aufbaut, desto mehr Spaß macht der Beruf. Deshalb wird die Motivation kein Problem werden.

Umso weniger, wenn ich daran denke, welche Saison uns bevorsteht. Die Formel 1 hat die größte Reglementsänderung der vergangenen Jahrzehnte erlebt. Wir setzen nicht nur neue, im Hubraum reduzierte Motoren ein, auch das Chassis ist in wesentlichen und zahlreichen Punkten anders als im vergangenen Jahr. Alle müssen bei Null anfangen. Auch wir von Benetton, die wir erst einmal beweisen müssen, daß wir für alle Strecken um den neuen Motor herum ein gutes Chassis gebaut haben.

Und dann gibt es ja in diesem Jahr viele neue Kombinationen: McLaren und Mercedes, Sauber und Ford, Jordan und Peugeot. Wie werden sie sich die Saison über entwickeln? Wenn man dann noch betrachtet, daß die Formel 1, was die Fahrer angeht, endgültig vor einem Generationswechsel steht, dann stehen wir mittendrin in einem der interessantesten Jahre der Formel 1 überhaupt.

Was meine Konkurrenten angeht, so denke ich, daß Damon Hill und David Coulthard die härtesten Brocken werden. Dann muß man aber auch auf Mika Häkkinen und Nigel Mansell ein Auge werfen, auf Rubens Barrichello natürlich, auf Gerhard Berger und Jean Alesi und nicht zuletzt auf Heinz-Harald Frentzen.
Es ist also für Spannung gesorgt. Jede Menge Konkurrenz für mich und tolle Rennen für Sie.
Viel Spaß bei der Lektüre meines Buches wünscht Ihnen

Ihr

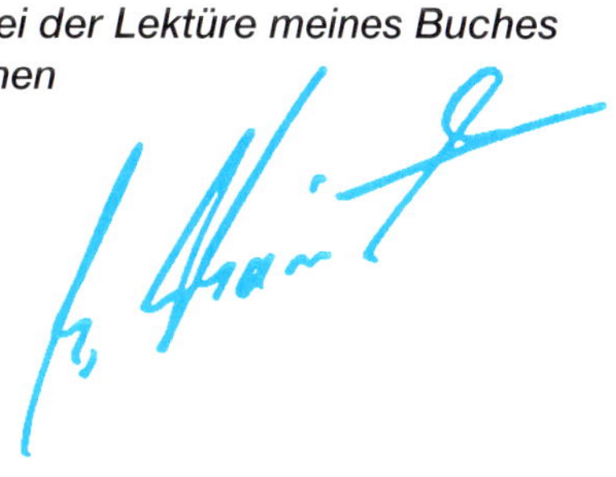

Mit der 1 auf der Nase startet Michael Schumacher die Jagd auf seinen zweiten Weltmeister-Titel. Fü

lle Teams lautet zu Beginn der Saison 1995 die Frage: Wie wirken sich die Reglementänderungen aus?

Lieber Formel-1-Fan, lieber Michael!

Ein Deutscher ist 1994 Formel-1-Weltmeister geworden. Ein Deutscher wie aus dem Bilderbuch: Ordentlich, geradeaus, ehrgeizig.

Seit den sechziger Jahren bin ich der Formel 1 verbunden. Ich habe mich immer gefragt, wieso die größte Autonation der Welt noch keinen Weltmeister in der Formel 1 hervorgebracht hat. Es gab große Talente. Wolfgang Graf Berghe von Trips wäre es 1961 fast geworden. Aber er stürzte kurz vor dem Ziel.

Jochen Rindt ist 1970 zum Weltmeister erklärt worden, aber trotz seines deutschen Passes galt er als Österreicher. Jochen Mass hat viele große Rennen gefahren. Aber letztendlich fehlte ihm das Quentchen Glück, ohne das man in der Formel 1 nicht Meister werden kann.

Michaels Glück, Weltmeister zu werden, war nicht der Ausgang des Unfalls mit Damon Hill, wie viele dachten. Der Unfall nahm Damon die Chance, selbst Champion zu werden. Michael hatte das Glück, zur richtigen Zeit im richtigen Team zu sein. Und ich bin froh, Flavio Briatore überzeugt zu haben, Michael in das Benetton-Team zu holen.

Michael und Benetton – das ist eine großartige Symbiose. Nur gemeinsam konnten sie so schnell Erfolge feiern. Nur gemeinsam konnten sie nach nur drei Jahren den Weltmeistertitel erkämpfen.

Es war eine hochdramatische Saison, dieses Jahr 1994. Da war gleich zu Beginn der Tod unserer Fahrer Roland Ratzenberger und Ayr-

Immer alles im Griff: Bernie Ecclestone zieht die Fäden in der Formel 1. Ohne ihn läuft nichts

ton Senna. Die ersten Toten nach einer langen Zeit, in der die Formel 1 immer mehr an Sicherheit gewonnen hatte. Zehn Jahre war kein Pilot mehr ums Leben gekommen, wir fühlten uns vielleicht unverwundbar. Es war uns eine Lehre. Wir werden weiterhin viel tun für die Sicherheit der Formel 1 – aber eine absolute Sicherheit gibt es in keiner Sportart. In den USA stirbt täglich ein Mensch auf dem Golfplatz.

Im Laufe des Jahres 1994 gab es viele Situationen, die unseren Sport in die Schlagzeilen der Weltpresse brachten. Es gab heftige Diskussionen, es gab Disqualifikationen und Urteile vor ordentlichen Gerichten. Ich war nicht immer glücklich mit den Entscheidungen. Aber wenn man Gerichte anruft, muß man mit den Urteilen leben.

Hochdramatisch blieb die Saison bis zum letzten Lauf. Wie so vielen Menschen blieb auch mir das Herz fast stehen, als Michael nach der Karambolage mit Damon in den Reifenstapel jagte. Die Weltmeisterschaft schien entschieden – aber wie so oft wendete sich das Blatt von einer Sekunde auf die andere.

Es ist keine Frage: Michael hat diesen Titel seinem Talent zu verdanken. Er hat ihn verdient. Er war 1994 die Nummer eins auf den Pisten, und er wird diesen Anspruch 1995 verteidigen.

Als Michael seinen Titel hatte, hat er ihn Ayrton Senna gewidmet. Eine schöne Geste. Es wäre sicherlich ohne die Tragödie von Imola ein spannender Wettkampf zwischen Ayrton und Michael geworden. Aber der Ausgang wäre nicht sicher gewesen. Als Ayrton starb, hatte Michael 20 WM-Punkte, und Ayrton noch keinen.

Michael ist sehr jung, beinahe der jüngste Weltmeister, den es in der Formel 1 je gab. Er hat seine Zukunft noch vor sich. Und kann noch manchen Titel holen.

Ich freue mich auf viele spannende Kämpfe in unserem geliebten Sport. Michael, du hast dazu beigetragen, ihn noch interessanter, noch farbiger zu machen.

Ich danke Dir im Namen von vielen Millionen Fans des Formel-1-Sports,

Dein
Bernie Ecclestone

Bernard Ecclestone ist Mitbegründer und Präsident der FOCA (Formula One Constructors Association) sowie Vizepräsident der FIA (Fédération Internationale de l'Automobile).

Bei der Benetton- „Sitzverteilung“ war Ecclestone der Platzanweiser für Michael Schumacher

In einem kleinen Bistro seiner Wahlheimat Monaco hängt Michael Schumacher seinen Gedanken nac

ei einem Glas Wasser genießt er die ruhigen Momente, die es in Deutschland kaum noch für ihn gibt

Der schönste Moment im Leben eines Rennfahrers. 1994 war Michael achtmal die Nummer 1

Beim Boxenstopp werden Weltmeisterschaften entschieden. Benetton hat 1994 oft Zehntel-Sekunde

ngespart. Der Weltmeister bedankte sich bei jedem Mechaniker mit einer wertvollen TAG-Heuer-Uhr

Schon als Dreikäsehoch ist klar: Ich werde Rennfahrer

Knirps auf

WM-Kurs

Michael ist meistens der Jüngste und Kleinste auf der Kartbahn. Aber er holt immer die Pokale

Elisabeth und Rolf Schumacher heute. Auch Ihr Leben hat sich durch Michaels Erfolge verändert

Die Wurzeln

Auch Weltmeister fangen klein an. Michael drehte seine ersten Runden auf Vaters Kartbahn. Da überlegte er noch, was er mal werden wollte. Entweder Rennfahrer – oder Polizist.

Es war eine Welt der Bastler und Tüftler, in die Michael Schumacher hineingeboren wurde.

Sein Vater Rolf Schumacher, 1945 in Fischenich geboren, hatte eine Lehre als Kaminbauer gemacht. Er ging diesem ehrenwerten Handwerk auch nach. Aber sein Herz gehörte dem Angeln und Segeln. Und natürlich Elisabeth, seiner Frau. Die hat er 1968 geheiratet.

Am 3. Januar 1969 wurde Michael in Hürth-Hermülheim geboren. Bruder Ralf kam sechs Jahre später, am 30. Juni 1975, zur Welt.

In Schumachers Nachbarschaft gab es einige junge Männer, die mit Begeisterung an kleinen Motoren herumbastelten. Sie bauten aus Rasenmähern Karts oder kleine Autos für ihre Kinder. Rolf Schumacher ließ sich anstecken. Michael war vier, als Papa ihm ein Motörchen auf ein ausrangiertes Kettcar montierte. Die Freude war riesig – und eine Motivation für Rolf Schumacher. Seither hatte er ein neues Hobby, und die Söhne profitierten davon. Was für andere Kinder ein Traum blieb, oder was ihnen nur reiche Eltern schenken konnten, das schraubte Rolf Schumacher aus Schrott-Teilen zusammen. Damals konnte man an Motoren noch mit Schraubenzieher und Inbusschlüssel arbeiten. Ohne Computer.

Anfang der siebziger Jahre florierte der Kartsport in Deutschland. Die Amerikaner flitzten schon seit zwanzig Jahren mit den flachen Asphalthobeln über Rundkurse. Via Großbritannien war der Sport nach Mitteleuropa gekom-

Michael chic in Schale. Ralf hat noch keine Ahnung, wie berühmt sein großer Bruder mal wird

men. Die ersten Kartbahnen entstanden. Auch auf fast historischem Terrain: In der Kleinstadt Horrem, unweit der Burg des deutschen Beinahe-Weltmeisters Graf Berghe von Trips, entstand sowas wie die Mutter aller Kartbahnen in Deutschland. Jedenfalls eine der ersten. Rolf Schumacher leitete sie ab 1975. Zumindest im Sommer. Im Winter mauerte er Kamine.

Die Kartbahn lag im Naturschutzgebiet. Es durften nur relativ langsame und leise Leihkarts gefahren werden. Aber

Skeptisch beäugt Michael, 8, den schönen Pokal und seine ersten Fans

Die gemütlichste Ecke der Kerpener Kartbahn ist und bleibt Elisabeth Schumachers Gaststätte

Hier fighten Michael und Ralf um die Bestzeit. Ralf hält den Bahnrekord

der Klub, der sie betrieb, wollte an Meisterschaften teilnehmen.

Horrem war nach Kerpen eingemeindet worden. Und es gab ein Grundstück, auf dem die Stadt den Betrieb einer Rennkartbahn erlaubte. Es lag im Ortsteil Manheim. 1978 zog die Kartbahn von Kerpen-Horrem nach Kerpen-Manheim um.

In solch einem Umfeld war es kein Wunder: Michael und Ralf fuhren in jeder freien Minute Kart. Es war ja praktisch: Vater beaufsichtigte die Bahn und leitete den Kart-Verleih. Und Mutters Imbißstübchen mauserte sich mehr und mehr zur Gaststätte. Jedenfalls waren die Jungen unter Kontrolle.

Es war ein einfaches, fast kleinbürgerliches Elternhaus, in dem Michael und Ralf aufwuchsen. Die Schumachers rechneten hart. Michael hatte, erinnert sich der Vater, schon als Knirps nur zwei Berufswünsche: „Ich werde Polizist. Oder Rennfahrer.“ Vater riet zur Polizeilaufbahn. Es war eine kleine heile Welt, und manch einer ist davon überzeugt: Die Sicherheit und die innere Ruhe, die Michael ausstrahlt, haben ihre Wurzeln in der Geborgenheit des Elternhauses.

Wer hätte gedacht, was sich daraus entwickeln würde…

Mit 14...

... und mit 17 Jahren

Kartzeit

1984 Deutscher Juniorenmeister

1985 Deutscher Juniorenmeister
Junioren-Vizeweltmeister

1986 Dritter Deutsche Kartmeisterschaft
Dritter Europameisterschaft

1987 Deutscher Kartmeister
Europameister

In den siebziger Jahren lag die Kerpener Kartbahn noch nicht im Ortsteil Manheim, sondern in Horrem. Ich war begeisterter Motorsportler und habe sonntags ganz gerne mal ein paar Runden im Leihkart gedreht. Die Karts waren gefragt, man mußte oft lange warten. Deshalb überlegte ich gemeinsam mit einem Freund: „Kaufen wir uns doch selber eines."

Leicht gesagt, schwer getan: Ein Kart gibt es nicht im Kaufhaus. Also haben wir uns an den Leiter der Horremer Kartbahn gewandt. Das war Rolf Schumacher. Er hat uns wunderbar beraten.

Mit dem eigenen Kart fährt man natürlich risikoreicher. Ein einziges Mal war ich eine Spur zu schnell unterwegs. Das reichte für einen Abflug – und einen verteufelt schmerzhaften Handbruch. Doppelt schlimm, weil ich gerade ein Tapetengeschäft aufbaute und mir Knochenbrüche partout nicht leisten konnte.

„Du", sagte ich zu Rolf Schumacher, „ich möchte das Kart verkaufen. Wenn Du jemanden weißt..."

Rolf schaute erstaunt: „Das schöne neue Kart? Also, ich würd' das ja so gern für den Michael haben. Der Junge hat einen solchen Spaß am Kartfahren. Der würde bei den Wettkämpfen ganz gut aussehen."

Der Vater druckste rum. „Aber ich kann es einfach nicht. Erstmal das Geld. Und dann müßte ich ja ständig mit zu den Rennen. Gerade am Wochenende ist hier der meiste Betrieb. Aber ein Jammer ist es, ehrlich."

Der elfjährige Michael mit Gerhard Noack bei einem seiner ersten Kartrennen

Ich habe Michael auf meinem Kart fahren lassen. Es war eine Wonne,

RIESENGROSSE FREUDE

dem Jungen zuzusehen. Er war damals gerade zehn, ich 27. Wie gesagt, mir machte der Rennsport, die Rennatmosphäre Spaß. Und so langsam dämmerte mir der Gedanke: Wenn ich Michael fahren lasse, bin ich mitten drin im Geschehen – und riskiere nicht wieder eine gebrochene Hand.

Beim nächsten Besuch in Horrem sagte ich es Rolf Schumacher: „Du, ich schenke dem Michael das Kart." Die Freude des Jungen war riesig. „Ich vergess' Ihnen das nie", sagte er immer wieder. Und er hat Wort gehalten. Noch heute, als Weltmeister, lädt er mich zu Rennen oder Siegesfeiern ein.

Wir sind damals, ab 1979, kreuz und quer durch die Bundesrepublik gefahren, haben alle Kartbahnen kennengelernt. Offizielle Rennen durfte man erst ab 14 fahren (heute schon ab acht). So konnte Michael nur als Gastfahrer an Clubmeisterschaften teilnehmen. Er hat sie alle gewonnen. Wenn wir bei einem Clubrennen auftauchten, waren die restlichen Fahrer wenig begeistert. Sie wußten: Wenn der Schumacher mitfährt, ist für die anderen bestenfalls Platz zwei drin.

eger ist damals – natürlich – Michael Schumacher

GERHARD NOACK

Ich schenkte Michael sein erstes Kart

Gerhard Noack war der erste, der Michael Schumacher den Kartsport finanziert hat. Der gelernte Kfz-Schlosser und Kaufmann betrieb zunächst ein Farben- und Tapetengeschäft in Köln, ehe er sein Hobby Kartfahren zum Beruf machte und in den Karthandel einstieg. Der 42jährige ist Vater von zwei Söhnen. Er ist an der Kartbahn in Kerpen beteiligt, sein Karthandel liegt unmittelbar an der Rennstrecke.

1980 bauten die Mitglieder des Kerpener Kartclubs die neue Bahn in Kerpen-Manheim. Michaels Vater leitete sie. Damit hatten wir tolle Trainingsmöglichkeiten direkt vor der Haustür. Michael wurde auf Anhieb Clubmeister. 1981 verteidigte er seinen Titel souverän.

KEINE DEUTSCHE LIZENZ

Weil man in Luxemburg schon mit zwölf Jahren eine Kartlizenz bekommen konnte, sind wir ab 1981 häufig in dem kleinen Fürstentum gefahren. Wir versuchten, mit der luxemburgischen Fahrerlizenz an Deutschen Meisterschaftsläufen teilzunehmen. Aber die deutschen Fahrer wollten ihren Angstgegner nicht dabei haben, legten Protest ein: „Der hat keine deutsche Lizenz!"

Die deutsche Lizenz bekam Michael 1983 – und prompt ist er im Jahr darauf Deutscher Junioren-Meister geworden.

Nun wollte er natürlich auch an den Europa- und Weltmeisterschaftsläufen teilnehmen. Aber so langsam wuchsen mir die Kosten über den Kopf. Erst zwei Jahre später konnten wir dann auch in Deutschland an Rennen teilnehmen. Mir wurde klar, daß dies auf Dauer durch mich nicht zu finanzieren war. Eine Weltmeisterschaftssaison ist mit Reisen um die halbe Welt verbunden. Da kommen im Jahr leicht 50- bis 60.000 Mark zusammen.

Ich hatte inzwischen meinen Tapetenhandel aufgegeben und mich auch beruflich dem Kartsport verschrieben. Meine neue Firma handelte mit Karts und -zubehör. Heute gehört das Geschäft zu den drei Branchenführern in Deutschland, damals aber war es noch im Aufbau. Marktführer war die Firma Neubert. Und Adolf Neubert hat sich sehr für dieses Riesentalent namens Michael Schumacher interessiert. Er wollte ihn in seinem Team haben.

JÜRGEN DILK

Ich war Michaels Ersatzvater

Heute Michaels Fanclubleiter: Jürgen Dilk

Der ehemalige Automatenhändler Jürgen Dilk war von 1982 bis 1988 der ständige Begleiter und große Förderer von Michael Schumacher. Er hat ihn in der Zeit unterstützt, in der Michael Kart, Formel König und Formel Ford fuhr. Ein amtliches Dokument der Stadt Kerpen bescheinigte ihm, daß er sich während der Renntage als „Ersatzvater" bezeichnen durfte.
Jürgen Dilk, heute 51, hat seine Geschäfte nach einer schweren Herzoperation aufgeben müssen. Er leitet heute den zentralen Michael-Schumacher-Fanclub. Außerdem baut er mit drei Partnern zwischen Erfurt und Halle eine Rennkartbahn: Den „Dreigleichen Ring" in Rudisleben.

Selten hat mich etwas so geärgert, wie der Ausdruck „Schummel-Schumi", der 1994 im Verlauf der Weltmeisterschaft aufkam. Es war ein oberflächlich erfundenes Wortspiel, erklärbar vielleicht aus den Vorwürfen gegen das Benetton-Team, aber völlig fehl am Platze für alle, die Michaels Charakter kennen.

Ich kenne den Jungen seit zwanzig Jahren. Ich habe seine ganze Entwicklung miterlebt, ihn begleitet vom ersten Kartrennen bis in die Formel 1. Nie habe ich einen jungen Menschen erlebt, der seinen Weg ähnlich geradlinig, grundehrlich aber auch verbissen ehrgeizig gegangen ist.

Ein Beispiel von vielen fällt mir dazu ein. Während der Kartzeit gab es eine Phase, in der Michael plötzlich abfiel. Er, der bis dahin immer zur Spitzengruppe gezählt hatte, fand sich plötzlich im Mittelfeld wieder. Der Motor war in Ordnung, die Reifen auch, Michael gab sein Bestes – der Leistungsabfall blieb uns allen unerklärlich.

Bis mich im Fahrerlager ein Mann auf die Seite nahm und mir ein kleines Teil zum Kauf anbot. Es war eine Vergaserbüchse, die ins Ansaugrohr des Vergasers gedreht wurde. Man konnte sie blitzschnell und unauffällig herausdrehen. Dadurch wurde der Durchmesser des Ansaugrohres größer, und der Motor brachte eine höhere Leistung. Der

Stolz präsentiert Michael r

Mann erklärte mir, daß einige Fahrer mit herausgedrehter Büchse an den Start gingen. Nach dem Rennen drehten sie die Büchse in der Auslaufrunde unauffällig wieder rein, und wenn die Wagen im Parc fermé überprüft wurden, war der vorgeschriebene Durchmesser korrekt.

Das Ding sollte ein paar hundert Mark kosten.

rgen Dilk (l) und Franz-Josef Altdorf den Pokal des Formel-König-Meisters

Ich dachte mir: Wenn es alle machen, sollten wir es auch tun. Vorsichtig sprach ich Michael darauf an: „Was hältst du davon?“ Er

BEEINDRUCKEND EHRLICH

schraubte weiter an seinem Kart und sagte nur ganz sachlich: „Wenn Sie meinen, Herr Dilk. Aber dann höre ich auf, Kart zu fahren.“ Michael war damals fünfzehn.

Natürlich beeindruckte mich seine Ehrlichkeit. Aber ich war wütend auf die anderen Teams, die mit unfairen Mitteln kämpften. „Dann zeig' ich die an“, sagte ich emotionsgeladen zu dem Jungen. Er legte den Schraubenschlüssel zur Seite. „Wir halten uns schön zurück, Herr Dilk. Bitte. Irgendwann fällt der Betrug sowieso auf.“

Recht hatte er. Zwei Wochen später entdeckte ein Technischer Kommissar die herausdrehbare Büchse. Alle hatten sie in ihren Fahrzeugen, nur Michael nicht.

1984 holte er seinen ersten Titel. Er wurde Deutscher Kart-Junioren-Meister. Auch für mich eine Bestätigung, daß ich auf das richtige Talent gesetzt hatte. Ich war ja kein Experte, kein professioneller Talentförderer, wie es Michaels heutiger Manager Willi Weber ist. Mich hatte schlichtweg dieses Kind beeindruckt, das so unglaublich viel schneller und sicherer mit dem Kart um die Kurven jagte, als jedes andere Kind.

Ich habe Michael zum erstenmal gesehen, als er fünf Jahre war. Sein Vater, ein begabter Tüftler, hatte einen Rasenmähermotor auf ein Go-Kart montiert. An die hintere Verstrebung hatte Rolf Schumacher eine zehn Meter lange Kordel gebunden. Klein-Michael jagte los mit Vollgas – genau zehn Meter,

WIE EIN HUND AN DER LEINE

dann stand er mit einem Schlag. Vater zog ihn wieder zurück, Michael startete erneut. Irgendwann hat Rolf Schumacher dann ein paar Schikanen aufgebaut, die der Kleine bravourös nahm – allerdings immer noch an der langen Leine.

Natürlich sagten immer mehr Leute: „Der Junge ist doch kein Hund. Laß ihn doch mal ohne Kordel fahren.“ Als Rolf Schumacher seinen Sohn im wahrsten Sinne des Wortes von der Leine ließ, jagte Michael los wie ein wilder Terrier.

Ich bin damals mit meinem kleinen Sohn Guido oft zu der Kartbahn gefahren, die Rolf Schumacher beaufsichtigte. Zumindest während der Sommermonate. Im Winter übte er seinen eigentlichen Beruf aus und mauerte Kamine. Elisabeth

Michaels (l.u.) erste Siegerehrung im Kerpener Kartclub. Mit dabei Ex-F1-Pilot Harald Ertl (mit Bart)

Schumacher führte den Kiosk an der Kartstrecke, briet Schnitzel und machte Kartoffelsalat.

Mein Sohn fuhr gerne Kart, und sicherlich auch

MIT SECHS DER SCHNELLSTE

gut. Aber immer fiel mir dieser Michael auf. Der war eine Portion kleiner, doch wenn Guido drei Runden absolviert hatte, war Michael schon viermal vorbeigedonnert.

Michael war auf der Kartbahn die große Faszination für viele. Besucher kamen miteinander ins Gespräch. Man hatte das Gefühl, daß dieses Talent gefördert werden sollte, das schon mit sechs Jahren die schnellsten Rundenzeiten hinlegte, die auf dieser Bahn je gefahren wurden. Rolf Schumacher fehlte die Zeit, das Geld und auch ein bißchen das Einsehen, wieso er solch einen Aufwand um Michaels Spaß am Kartfahren machen sollte. Er hatte nicht den brennenden Ehrgeiz, mit dem andere Eltern ihre talentierten Kinder in Sportlerkarrieren treiben.

Unweit der Kartbahn wohnte Gerhard Noack, Besitzer eines Farben- und Tapetenhandels. Er war der erste, der den Kleinen förderte. Großzügig schenkte er Michael ein Rennkart und meldete ihn zu Rennen an. Weil ich ohnehin zu den Rennen fuhr, um meinen Sohn zu begleiten, habe ich mich gleichzeitig auch um Michael gekümmert. Er wurde so etwas wie ein zweiter Sohn im Hause, wohnte oft bei uns, machte seine Schularbeiten hier, fuhr mit uns gemeinsam in Urlaub.

Bedingt durch den Einstieg in eine Elektrolehre wollte Guido keine Rennen mehr fahren. Eine bittere Situation. Meine Frau und ich berieten, was wir tun sollten. Sollte das Kapitel Motorsport für uns beendet sein, oder sollte ich mich weiter um Michael kümmern? Meine Frau mußte mitsprechen. Wir besaßen damals drei Spielhallen, und wenn ich unterwegs war, blieb der Stress an ihr hängen. Michaels Rennsportkarriere hätte damals zumindest einen tiefen Knick bekommen, wenn meine Frau nicht gesagt hätte: „Das können wir dem Jungen nicht antun. Fahr du weiter mit ihm, ich mache das hier schon.“ Sie konnte nicht anders entscheiden, dazu war menschlich eine viel zu enge Bindung zwischen den beiden entstanden.

Michael hatte bereits als Zwölfjähriger ein ganz klares Ziel: „Ich werde Formel-1-Fahrer.“ Alle seine Gedanken drehten sich

OFT SCHULFREI BEKOMMEN

um Autos. Mit einem Kissen und ganz vorne auf dem Sitz hockend kurvte er damals mit meinem Mercedes durchs Fahrerlager. Die Realschule war für ihn ein lästiges Übel, aber das ist in dem Alter sicher so selten nicht. Immerhin hatte er entgegenkommende Lehrer. Mehr als einmal bin ich in die Schule gefahren und habe den Rektor von der Notwendigkeit überzeugt, daß Michael am Donnerstag und Freitag frei haben mußte, weil ein wichtiges Rennen anstand. Er hat immer frei bekommen. Notfalls haben wir zwischen den Rennen die eine oder andere Lektion gepaukt.

Gelebt hat Michael nur für die Wochenenden, an denen wir zu den Rennstrecken fuhren. Sein Ehrgeiz war gigantisch. Ein Beispiel von vielen:

Es ging um einen Lauf zur Deutschen Kart-Meisterschaft. Michael führte zwei Runden. Auf einmal wurde er langsamer, griff plötzlich mit der rechten Hand nach hinten an den Motor. Mit der linken Hand hielt er das Steuer. Das Feld kam näher, aber Michael ließ sich den Sieg nicht entreißen. Als er im Parc fermé aus dem Kart kletterte, fragte ich ihn, was diese Akrobatik zu bedeuten hatte. „Mist", sagte er. „Ich habe einen Riesenfehler gemacht. Ich habe die Vergasermuttern nicht angezogen."

Wer etwas von Technik versteht, der begreift die Dramatik: Die Schrauben, die die Vergaser-Dichtung zusammenpressen, hatten sich gelöst. Normalerweise stirbt der Motor dann ab. Michael muß irrsinnige Kräfte aufgewendet haben, um die Dichtung zusammenzudrücken. Die Geschichte kam 1994 in meiner Erinnerung wieder hoch, als Michael die Hälfte des Spanien-GP im fünften Gang fuhr und dennoch als Zweiter durchs Ziel ging: Zu Michaels Siegeswillen kommt die Gabe, blitzartig das Notwendige zu erkennen und es auch durchzuführen.

1984 wurde Michael, wie gesagt, Deutscher Junioren-Kartmeister. 1985 derselbe Erfolg, außerdem holte er den Europameistertitel, und er wurde Zweiter der Junioren-Weltmeisterschaft.

Er hatte bei weitem nicht immer das beste Material. Die Reisen waren teuer, Sponsoren waren schwer aufzutun. Und ein neuer Motor kostete schnell einen Tausender, ein Satz Reifen rund 400 Mark. Manchmal mußte ich Michael schlichtweg sagen: „Tut mir leid, das Geld ist nicht da, Junge." Dann überlegte er eine Sekunde: „Keine Sorge, Herr Dilk, ich hab da noch ein paar in Reserve." Er schlich zum Müllplatz und holte sich den Satz alter Reifen, die ein Mitbewerber gerade weggeworfen hatte. Und damit gewann der Teufelskerl auch noch!

REIFEN VOM MÜLL

Michael war sein eigener Mechaniker. Er hat ein großes technisches Geschick. Ich hatte von Karts keine Ahnung – ich war auf den Strecken Michaels Ersatzvater, Koch, Tröster, und wenn er sich mal was verrenkt hatte, auch sein Masseur.

Wenn man bei Meisterschaftsläufen als Pilot Protest gegen eine Entscheidung einlegen will, muß man 18 sein. Bei Minderjährigen macht es der Vater. Weil Rolf Schumacher nur selten zu den Rennen mitfuhr, habe ich bei der Stadt Kerpen eine

Gespanntes Warten vor dem Rennen. Der 17jährige Michael konzentriert sich voll auf den Sieg

Bescheinigung beantragt. Ich halte sie in hohen Ehren: Darin wird mir nämlich amtlich bestätigt, daß ich während der Rennwochenenden der „Ersatzvater“ von Michael Schumacher sei.

Das Jahr 1985 endete mit einem schweren

BELLOFS TOD EIN SCHOCK

Schock für die deutsche Rennsport-Gemeinde. Stefan Bellof verunglückte am 1. September tödlich beim 1000-Kilometer-Rennen in Spa. Wir waren alle tief deprimiert. Ich habe zu Michael gesagt: „Junge, ich mache nicht mehr weiter. Wenn du dich auch irgendwann totfährst, hänge ich mich auf.“

Auch Michael war in ein tiefes Motivationsloch gefallen. Er machte den Realschulabschluß, und wir sprachen wenig über Rennen und darüber, wie es weitergehen sollte. Innerlich hatte ich mit allem abgeschlossen. Michael stieg 1986 auch erst spät in seine erste „richtige“ Kart-Saison ein. Immerhin wurde er dennoch Dritter, das gleiche bei den Europameisterschaftsläufen.

Als ich ihn auf der Rennstrecke erlebte, waren meine Vorsätze dahin, mich vom Motorsport zurückzuziehen.

Das Jahr 1987 war ein einziger Triumphzug für Michael. Er wurde mit deutlichem Abstand Deutscher Kart-Meister, holte sich souverän den Titel Europameister und verpaßte den Weltmeistertitel nur um eine Radlänge.

In eine Nachwuchsformel zu kommen, ist im Prinzip nicht schwer – wenn man das nötige Geld hat. Selbst ein Formel-König-Bolide kostete damals locker 30.000 Mark, und mindestens das doppelte kam im Laufe der Saison an Nebenkosten hinzu. Wieder hatte Michael Glück: Der Lamborghini-Händler Gustav Hoecker aus Landau in der Pfalz finanzierte ihm die Saison, in der Michael souveräner Champion wurde.

Beim Rennen in Spa-Francorchamps gab es eine denkwürdige Parallele zum späteren Formel-1-Einstieg. Michael führte vom Start weg. Urplötzlich wurde er langsamer. Ich konnte es mir nicht erklären. Jemand sagte: „Der schaltet ja gar nicht mehr.“

Das Feld rückte ihm bedenklich nahe. Aber dann gab es wieder eine bessere Rundenzeit. Er fightete wie ein Besessener, versuchte seinen ersten Platz zu halten. Er schaffte es, aber als er aus seinem Wagen stieg, war sein Gesicht schmerzverzerrt. Sein rechter Handschuh war voller Blut.

„Mist“, sagte er nur. „Der Schaltknüppel.“

Wir sahen ins Cockpit. Da gab es keinen Schaltknüppel mehr. Der war ursprünglich mit vier Schweißpunkten auf ein Rohr angeschweißt gewesen. „In der zweiten Runde ist er abgerissen“, klagte Michael. „Ich habe mich an den Schweißnähten festgekrallt und geschaltet. Aber das war schwer.“ Man sah es, und es hat einige Monate gedauert, bis die Hand wieder richtig ausgeheilt war.

Jeder andere Junge, da bin ich sicher, hätte den Wagen damals an den Pistenrand gefahren, wäre ausgestiegen und hätte zum Teamchef gesagt: „Das Schaltgestänge ist gebrochen.“ Und keiner hätte erwartet, daß er trotzdem weiterfährt. Aber Michael hatte sein Ziel, die Formel 1, und der Wille besiegte den Schmerz.

Während der Saison waren bereits die Weichen gestellt worden. Formel-3-Teamchef Willi Weber hatte mehrfach an der Rennstrecke gestanden und Michael beobachtet.

Als Michael für die Saison 1989 einen Platz in Willi Webers WTS-Team erhielt, war meine Aufgabe beendet. Es ging mir damals auch gesundheitlich nicht gut und ich war froh, daß Michaels Karriere nunmehr in anderen, bewährten Händen lag.

Ende 1990 war er Deutscher Meister in der Formel 3. Er lud mich, wie seither immer, zur Meisterschaftsfeier ein. Ich hörte, wie er Willi Weber mit dem Vornamen ansprach. Mit Willi und du.

Mensch, dachte ich, vielleicht hat er darauf immer gewartet. Beim nächsten Glas bot ich ihm an: „Michael, wir kennen uns so lange, wir haben soviel erlebt. Sag du zu mir. Ich bin der Jürgen.“

Wir stießen darauf an. An dem Abend sagte er auch häufiger meinen Vornamen. Aber als wir uns am Morgen in der Hotelhalle begegneten, grüßte er: „Guten Morgen, Herr Dilk.“

„Wie? Nicht mehr Jürgen?“

Er bat mich an die Seite: „Bitte, seien Sie mir nicht böse. Aber Sie sind eine solche Bezugsperson für mich, Sie bleiben immer mein Herr Dilk.“ Dabei umarmte er mich und drückte mir einen festen Kuß auf die Wange, und seither finde ich es schön, für meinen Michael immer der Herr Dilk zu sein.

DER FANCLUB

1. offizieller Michael-Schumacher-Fan-Club
Jürgen Dilk
Kösliner Straße 16
52477 Alsdorf

Ab 1995 übernimmt die Dekra die Fanclub-Betreuung. Infos Seite 166

Wie werde ich Mitglied?

Einfach folgende Angaben an obige Adresse senden:

- Name, Vorname, Geburtsdatum und -ort
- Anschrift, Telefon
- Beruf
- Familienstand

Außerdem: Zwei Paßbilder und DM 20,– in bar oder per Verrechnungsscheck (einmalige Aufnahmegebühr).

Die Mitgliedschaft ist auf Michaels ausdrücklichen Wunsch kostenlos!

Der Fanclub veranstaltet jährlich mehrere Kartturniere und organisiert Treffen bei Großen Preisen. Michael kommt oft zu Besuch. Außerdem gibt es Fan-Artikel zum Beispiel aus der Michael-Schumacher-Kollektion.

Michaels erste Autogrammkarte von 1985. Er ist Deutscher Kart-Juniorenmeister geworden

ADOLF NEUBERT

Keiner fuhr Kart wie er

Adolf Neubert und sein früherer Schützling

Adolf Neubert, heute 61, war Deutschlands erster Karthändler. Er sah die schnellen, kleinen Gefährte 1960 in einer Werkstatt stehen. Der Besitzer hatte sie nach Abbildungen in amerikanischen Zeitschriften gebaut. Neubert, gelernter Automechaniker, übernahm die Fertigung der ersten Karts. Von 1960 bis 1968 war er selbst aktiv, fuhr sogar für die deutsche Nationalmannschaft. 1968 eröffnete er seinen Karthandel in Otzberg-Lengfeld bei Darmstadt. Natürlich fiel ihm das Kart-Talent Michael Schumacher bald auf. In Neuberts Eurokart-Team wurde Michael Schumacher Deutscher Meister, Europameister und Vize-Weltmeister.

Im Frühjahr 1985 kam Michael in unser Team. Er war gerade 16 Jahre alt geworden und hatte im Vorjahr die Deutsche Junioren-Meisterschaft gewonnen. Die Karts des Noack-Teams und unseres Eurokart-Teams standen oft nebeneinander, wir hatten bei aller Rivalität einen freundschaftlichen Kontakt. Von Michaels Vater kam der Vorschlag: „Nimm ihn doch mal in dein Team."

Wir haben nicht lange gezögert. Michael war ein ungeheuer lieber und charmanter Junge, immer freundlich, immer lächelnd. Nur im Kart war er nicht wiederzuerkennen, da wurde er zum harten Fighter.

Im ersten Jahr besuchte Michael noch die Schule in Kerpen. Wir trafen uns an den Rennwochenenden an der Strecke. Es war eine sensationelle Saison. Michael holte souverän wiederum den Titel eines deutschen Junioren-Kartmeisters. Und in Le Mans wurde er Junioren-Vize-Weltmeister.

1986 konnte er in der „richtigen" Kartmeisterschaft mitmischen. Er zog damals zu uns nach Lengfeld, und wir nahmen ihn in unsere Familie auf. Die meiste Zeit verbrachte er in der Werkstatt und half den Mechanikern, sein Kart für das nächste Rennen vorzubereiten. Aber das Jahr endete für uns und ihn nicht so erfolgreich, wie wir es gewohnt waren: Ein dritter Platz sowohl in der Deutschen Meisterschaft, als auch in der Europameisterschaft. Für 1987 nahmen wir uns mehr vor.

Wenn Michael ein Ziel hatte, war er nicht zu bremsen. Ich erinnere mich noch genau, wie er seinen Tag begann: Egal, welches Wetter herrschte, Michael lief in aller Herrgottsfrühe seine Kilometer rund um Lengfeld. Abends

UNERBITTLICH GEGEN SICH

das gleiche Spiel. Und als ob das noch nicht genug wäre, ging er danach noch in den Hobbyraum und trainierte am Heimtrainer. Ich habe noch nie einen Menschen getroffen, der so eisern und unerbittlich gegen sich selbst sein Programm durchzog wie Michael. Das ist wahrschein-

Konzentration vor dem S

lich der Grund, warum er nach einem Rennen – auch jetzt in der Formel 1 – in sengender Hitze aussteigt und schaut, als wolle er fragen: „Okay, fahren wir noch'n Rennen?“

Nur eines nervte: Unmittelbar vor dem Start wurde Michael jedesmal unruhig. Er schaute auf die Uhr, wackelte hin und her. Plötzlich sprang er hoch, raste in Windeseile zur Toilette. Jedesmal…

Michaels Karts waren grundsätzlich anders abgestimmt, als die der anderen Fahrer. Alle Kartfahrer wollen hinten einen möglichst breiten Radstand, Michael stellte die Räder so schmal wie möglich ein. Auch der Vergaser war bei ihm anders geregelt. Weil er allen anderen auf und davon fuhr, wurde er hin und wieder gebeten: „Kannst du mein Kart nicht mal abstimmen?“ Er machte es, fuhr mit dem Ding eine Superzeit. Wenn der Besitzer sich dann reinsetzte, brachte der überhaupt keine vernünftige Runde zustande.

Das Jahr 1987 schloß Michael mit 15 Punkten Vorsprung als Deutscher Kartmeister ab. Außerdem wurde er Europameister.

Ich habe ihm damals eine Lehrstelle als Kfz-Mechaniker besorgt. Jeden Tag, bei Wind und Wetter, fuhr er mit dem Moped die zehn Kilometer von Lengfeld zum Betrieb. Aber Michael war mit den Tätigkeiten des ersten Lehrjahres nicht zufrieden. Dazu gehörte auch mal Autowaschen und Werkstattkehren, doch er wollte nur an die Motoren. Immer mehr wurde er in dem Betrieb zum stillen Einzelgänger. Dabei entsprach das ganz und gar nicht seinem Charakter. Doch sobald er nach Feierabend zu uns nach Hause kam und die liebevolle Betreuung meiner Frau genoß, blühte er auf. Dann ging er in die Werkstatt, flachste mit den Mitarbeitern und schraubte bis in den späten Abend hinein an den Karts.

Rolf Schumacher suchte eine neue Lehrstelle für seinen Sohn. Michael wechselte zu Bergmeister nach Langenfeld.

Vorher hat er hier bei uns seinen Führerschein gemacht. Das war ein

ZU VIELE FAHRSTUNDEN

ziemliches Drama. Michael fand: „Der Fahrlehrer will nur mein Geld. Er läßt mich viel zu viele Stunden machen.“ Ich habe ihm den Führerschein nicht bezahlt, Michael mußte eigenes Geld rausrücken. Darauf hat er schon damals aufgepaßt wie Dagobert Duck auf seinen ersten Goldtaler.

1988 zog er bei uns aus. Wir waren sehr traurig. Michael auch. Wir hatten zwar vereinbart, daß er noch eine Saison bei uns Kart fährt. Aber dann bekam er die Chance, in der Formel König zu fahren. Ich akzeptierte seinen Wunsch. Meine Frau und ich waren zu Michaels WM-Feier eingeladen. Es freute uns riesig, wieder einmal mit Michael persönlichen Kontakt zu haben. Denn auch wir waren ein Stück des Mosaiks zu seinem großen Erfolg.

KART-SPORT

Rennkarts werden mit Motoren von 100 (26 PS), 125 (40 PS) und 250 ccm (80 PS) angetrieben. Die stärksten schaffen theoretisch Höchstgeschwindigkeiten bis nahe 300 km/h. Drei Serien sind in Deutschland am Start: Die Deutsche Kart-Meisterschaft, die Kart-Trophäe und der Junior-Pokal. Die Karts kosten von ca. 3.500 bis 10.000 DM. Saisonkosten bis zu 100.000 DM. Einstiegsalter: 15 Jahre.
Seit 1995 gibt es die Bambini-Klasse. Ab acht Jahren dürfen kleine Rennfahrer mit 60 ccm-Motoren (5 PS, 70 km/h) starten. Klassen-Schirmherr: Michael Schumacher. **Infos: ONS, Waidmannstraße 47, 60596 Frankfurt am Main.**

…ch diesem Rennen 1987 in Schweden ist Michael (18 Jahre) Europameister

WILLI BERGMEISTER

Mein Azubi

Erfolgreich: Tim, Willi, Jörg Bergmeister

Von 1987 bis 1989 machte Michael Schumacher eine Lehre als Kfz-Mechaniker. Er wechselte nach wenigen Monaten die Lehrstelle und kam zum Langenfelder VAG-Händler Willi Bergmeister. Der 45jährige war selbst lange Jahre erfolgreicher Motorsportler. Seine Karriere begann 1974. Damals wurde er Deutscher Bergmeister (Nomen est Omen), er war Tourenwagen-Europameister (1980) sowie dreimal Vize-Europameister. Er gewann sechsmal das 24-Stunden-Rennen auf dem Nürburgring. Seit 1991 ist Willi Bergmeister Manager und technischer Leiter des Teams Bergmeister Sport. Heute fahren seine Söhne Rennen. Tim (19) wurde 1994 Dritter in der Formel-3-B-Meisterschaft. Jörg war 1993 der jüngste Formel-König-Champion aller Zeiten - mit 17. Einer Superkarriere steht nur seine Länge im Weg: Jörg ist mit 1,91 etwas zu groß für die Formel 1.

Frühjahr 1987: Meine beiden Jungs drehten ihre Vollgasrunden auf der Kartbahn in Kerpen. Jörg war damals elf, Tim zwölf Jahre alt. Für die beiden waren es die schönsten Familienausflüge, wenn wir nach Kerpen fuhren.

Einer machte auf der Kartbahn allen was vor: Der Sohn des Pächters. Michael war gerade 18 geworden. Keiner kam annähernd an seine Rundenzeiten heran.

Michaels Vater stand neben mir. „Ich habe Sorge um den Jungen“, sagte Rolf nachdenklich. „Du weißt ja, er macht eine Lehre in Darmstadt, aber es gefällt ihm nicht. Außerdem möchte er ganz gerne die Woche über bei seiner Familie sein.“

Michael fuhr damals im Kart-Team von Adolf Neubert. Der hatte ihm die entfernte Lehrstelle vermittelt.

„Komm doch mal mit dem Jungen vorbei“, schlug ich Rolf Schumacher vor. „Vielleicht kann er die Lehre ja bei uns fortsetzen.“ Ein paar Tage später saßen Vater und Sohn in meinem Büro.

Michael sagte nicht viel. Aber eines war ihm doch sehr wichtig: „Ich möchte weiter Kartrennen fahren, Herr Bergmeister. Da brauch ich schonmal öfter einen Tag frei, wenn Meisterschaftsläufe sind...“

„Und du meinst, du kommst mit deinen Urlaubstagen nicht aus?“

Er zuckte mit den Schultern: „Vielleicht ja. Aber wenn nicht? Sie sind doch selber Motorsportler und wissen, wieviel Zeit man investieren muß, wenn man die Sache ernst nimmt.“

„Dann mach dir mal keine Sorgen. Sag es mir nur rechtzeitig.“

Ich merkte förmlich, wie Michael der Stein vom Herzen fiel. Wir unterschrieben gemeinsam den Lehrvertrag.

Ich hatte im Stillen schon einige Bedenken. Schließlich mußte mein neuer Azubi jeden Morgen aus Kerpen anreisen. 52 Kilometer waren es bis Langenfeld. Er hatte einen kleinen Fiat 500, den wir als erstes gegen einen betagten Audi 80 eintauschten. Mit dem rauschte er jeden Morgen pünktlichst auf den Hof und abends hing er des öfteren ausgiebig unter der Motorhaube, um sein Schätzchen zu reparieren.

SCHWERPUNKT TUNING

Michael war durch seine Kart-Karriere ganz gut vorgebildet. Er wußte, wie ein Motor funktioniert, kannte sich mit Tuning-Tricks aus. Tuningmaßnahmen waren dann auch der Schwerpunkt seiner Tätigkeit bei uns.

Natürlich hatte Michael von Anfang an eine Sonderstellung im Betrieb. Wir sind in der Firma alle ein bißchen rennsportverrückt. Vielleicht war der eine oder andere mal etwas neidisch, wenn Michael sich schon am Mittwochabend für den Rest der Woche verabschiedete, weil eine Rennveranstaltung anstand. Aber wenn er am Montag mit einem Pokal zurückkam, dann war das für die gesamte Werkstatt ein Grund zum feiern.

Michael ließ 1987 keinem Konkurrenten eine Chance. Er wurde Deutscher Kart-Meister. Er wurde Europameister. Und er wurde Vizeweltmeister.

Man mag den Kart-Sport belächeln. Aber in Wahrheit ist er die Basis für alle Stufen im Motorsport. Ob Ayrton Senna, Alain Prost oder Niki Lauda – sie alle haben irgendwann auf einem Kart gesessen und ihre Erfahrungen mit der direkten Lenkung und den freistehenden Rädern gemacht.

Anfang 1988 schaffte es Michaels damaliger „Manager“ Jürgen Dilk mit großem Engagement und Überzeugungskraft, Michael in zwei Nachwuchsformeln zu bekommen. Er fand Finanziers, die ihm die Formel König weitgehend bezahlten. Auch unser Betrieb hat sich als Sponsor beteiligt. Michael wurde souverän Meister in der Formel König. Und auch in der Formel Ford, in der er einige Rennen fuhr, kam er oft aufs Podest.

Wir waren schon lange überzeugt, daß Michael reif sei für die Formel 3. Jürgen Dilk und ich versuchten auf der Essener Motorshow Ende 1987, ein Cockpit in einem Formel-3-Wagen für Michael zu bekommen. Aber die Verhandlungen liefen zäh. Noch glaubten nicht viele an das Ausnahmetalent Michael Schumacher.

Willi Weber war es, der 1989 auf Michael setzte. Sein WTS-Team gehörte damals zu den erfolgreichsten Formel-3-Ställen in Deutschland. Es kam zu dem denkwürdigen Vertrag zwischen Willi Weber und Michael Schumacher.

Ende 1988 wurde Michael immer nachdenklicher. Der Prüfungstermin

„ICH BRECHE DIE LEHRE AB“

für seinen Lehrabschluß stand für den Sommer '89 an. Michael bat mich um ein Gespräch.

Sein Gesicht war noch schmaler als sonst: „Herr Bergmeister, ich breche die Lehre ab.“

Ich begriff ihn nicht: „So kurz vor dem Ziel? Das wäre doch verrückt.“

Aber er hatte sich das sehr genau überlegt: „Mein Berufsziel ist Rennfahrer. Ich will in der nächsten Saison in der Formel 3 so weit wie möglich nach vorne kommen. Aber wenn im Herbst die wichtigsten Rennen anstehen, stecke ich in der Lehrprüfung.“

Das war in der Tat ein Problem. Tagelang haben alle Beteiligten nach einer Lösung gesucht. Dann habe ich den Antrag gestellt, die Prüfung vorzuziehen. Glücklicherweise spielten die Verantwortlichen mit. Michael konnte seine Prüfung ein halbes Jahr früher ablegen und hat sie auch auf Anhieb bestanden.

Heute sitzen seine Kollegen von damals natürlich gespannt wie die Flitzebögen vor dem Fernseher, wenn „ihr“ Michael in den Benetton steigt. Und über dem Fernseher hängt immer noch ein Poster mit seinem Helm aus seiner Formel-König-Zeit. Er war eigentlich dem heutigen schon recht ähnlich. Nur den damaligen Sponsor-Schriftzug „Bergmeister Sport“, den wird es auf seinem Formel-1-Helm leider nie geben. Es wäre unbezahlbar.

Michael im Benetton. Flankiert von den Autos, die er in der Lehre fuhr: Formel König (l), Formel Ford

Im Premierenjahr 1988 angetrieben von Panda-Motoren mit 75 PS, 908 ccm und Seriengetriebe

1988 Formel

Deutscher Meister

König

GERD HOFMANN

In meiner Formel der erste König

Gerd Hofmann (r.) bei einer Siegerehrung

1988 hatte Michael Schumacher die Chance, in der Formel König seine Erfolge aus der Kartzeit zu bestätigen. Er tat dies mehr als eindrucksvoll. Gerd Hofmann, Geschäftsführer des Sportsitze-Herstellers König, machte es damals möglich, daß Michael in seiner Karriere weiterkam. Der heute 42jährige Hofmann fuhr selbst jahrelang erfolgreich Rennen. Bis 1993 managte er die Formel König selber, dann übergab er die Aufgabe an den ehemaligen Tourenwagen-Piloten und Formel-3-Fahrer Werner Aichinger.

Küßchen für den Sieger. Nur selten läßt sich Micha

chumacher zu derartigen Späßen vor Kameras hinreißen – damals wie heute

Die Idee zur Formel König entstand Sonntags beim ausgiebigen Frühstück. Wir trafen uns damals regelmäßig mit einigen Motorsport-Verrückten. Und bei den Diskussionen ärgerten wir uns ziemlich darüber, daß es für den Nachwuchs keine preiswerte Möglichkeit gab, vom Kart in eine Einsteigerformel zu wechseln. Die einzige Nachwuchsformel war damals die Formel Ford, und da kostete ein Wagen schon leicht

NACHWUCHS OHNE CHANCE

20 bis 30.000 Mark. Dagegen gab es in England (Formel First) und Italien (Formula Panda) kleine, preiswerte Junioren-Autos. Warum eigentlich nicht in Deutschland?

Wir versuchten, eine eigene Nachwuchsformel aufzubauen. Aus der italienischen Formula Panda haben wir die Autos übernommen und 1988 die erste Saison gefahren. Wir hatten ein wild gemischtes Fahrerfeld mit etwa zwanzig Fahrzeugen. Es gab gestandene, erfolgreiche Fahrer, aber es waren auch jede Menge junge Leute am Start. Damals konnte man erst mit 18 Jahren Formel König fahren, heute bereits ab 16.

Kurz vor dem ersten Lauf rief mich ein Mann aus Alsdorf an. Er hieß Jürgen Dilk und schwärmte von einem jungen Mann namens Michael Schumacher: „Der Junge

Autogrammkarte Nr. 2: Michael ist schon viel lockerer. Kein Wunder bei den großen Erfolgen

hat in der Kartszene so ziemlich alles gewonnen, was es zu gewinnen gibt. Ein Riesentalent, aber er hat einfach keine Möglichkeit, das Geld für einen kleinen Formel-Wagen aufzubringen. Sehen Sie keine Chance?"

Der Mann hatte eine solche Überzeugungskraft, daß ich ernsthaft überlegte. Wir konnten dem Jungen natürlich keinen Wagen schenken – schon wegen des Gleichheitsprinzips nicht. Aber zu den Förderern der Formel König gehörten ein Motortuner und ein Lamborghini-Händler. Und sie besorgten Michael das Fahrzeug. Einfach aus dem Gefühl heraus, daß diesem Talent geholfen werden müßte.

Michael hat schon beim ersten Training allen gezeigt: Der kann's. Er wirkte sehr schüchtern, still, zurückhaltend. Aber im Auto ist er förmlich explodiert. Man konnte zusehen, wie er aus dem Auto lernte. Schon nach wenigen Runden fuhr er seidenweich durch die

ER GEWANN 9 VON 10 RENNEN

Kurven, während der Rest in bester Kart-Manier die Autos um die Ecken riß. Er hatte eine Menge Konkurrenten, die heute auch sehr erfolgreich in verschiedenen Rennserien unterwegs sind. Aber Michael war von Anfang an ein Ausnahmetalent.

Dementsprechend verlief auch die erste Saison 1988. Es gab insgesamt zehn Meisterschaftsläufe. Michael gewann neun, nur in Zolder wurde er Zweiter. Und hier schließt sich die Brücke. Wenn heute einer zweifelt, ob ein Michael Schumacher in der Formel 1 in der Lage ist, mit nur einem Gang ein Rennen zu beenden: er war es damals schon. In Zolder hatte er nur noch zwei Gänge und fuhr nur knapp hinter dem Erstplazierten Andreas Baier aber weit vor dem Rest durchs Ziel.

Eines Abends saßen wir in Jürgen Dilks Wohnmobil. Das war während der Rennen Michaels Heim. Wir tranken ein Gläschen zusammen, es war urgemütlich. Doch kurz nach zehn kam Michael und schmiß uns aus seinem „Schlafzimmer" 'raus: „Es ist jetzt zehn Uhr. Ich will schlafen."

Wir hatten keine große Lust, unsere gemütliche Runde so abrupt aufzulösen, doch Michael ließ nicht locker: „Entweder ich setz' mich zu Euch, dann machen wir zusammen die Nacht durch. Oder Ihr laßt mich schlafen. Dann fahr ich morgen ein ordentliches Rennen." Er war 19. Und wußte, was er wollte.

Auch heute ist Michael Schumacher der Formel König verbunden. Bei Meisterfeiern ist er in den vergangenen Jahren, wenn es eben ging, dabeigewesen. Es ist natürlich toll, wenn ein Youngster von seinem großen Vorbild den Pokal überreicht bekommt. Er gibt Tips, und ich habe auch schon mehrfach gehört, daß er einen der Piloten auf die Seite genommen hat: „Junge, laß' es sein. Wirf dein Geld nicht zum Fenster 'raus."

FORMEL KÖNIG

Offizieller Name:
AvD-Formel-König-Youngster-Cup.
Er wird seit 1988 in jährlich zehn Läufen ausgefahren. Michael Schumacher war erster Meister. Damals hatten die Wagen noch einen Panda-Motor mit 75 PS. Heute werden sie von einem VW-Polo-Motor getrieben:
4 Zylinder, 1300 ccm, ca. 105 PS. Spitze 210 km/h. Der Bausatz kostet ca. 40.000 DM.
Voraussetzung:
Mindestalter 16 Jahre und eine ONS-Lizenz.
Meister 1994:
Bernd Friedrich, Reinheim.
Kontakt:
König Motorsport
Postfach 610127
70308 Stuttgart
Tel. 0711/3169595.

Michael diskutiert mit dem neuen Formel-König-Chef Werner Aichinger

1988
Formel Ford

Van Diemen RF 88,
Kent-Motor
1600 ccm, 106 PS,
420 kg, ca. 180 km/h

Parallel zur Formel König fuhr Michael Schumacher 1988 auch in der Formel Ford 1600. Ab dem dritten Lauf stellte Eugen Fisterer vom Eufra-Team dem schnellen Kerpener einen dritten Wagen zur Verfügung – neben den Eufra-Stammpiloten Meik Wagner und Joachim Koszcielniak.

Der Kerpener beendete die Saison, in der er nur acht von zwölf Läufen bestritt, mit dem sechsten Platz. Formel-Ford-Meister 1988 wurde sein Teamkamerad Meik Wagner.

Außerdem nahm Michael an den drei Läufen zur inoffiziellen Formel-Ford-Europameisterschaft teil. Er wurde Zweiter, hinter dem Finnen Mika Salo – den er 1994 in der Formel 1 wiedertraf.

Alle Rennergebnisse auf den vorderen Umschlagseiten

1989-90 Formel 3

1989: Reynard-VW 893. Dritter Deutsche Meisterschaft

Beide 2 Liter, ca. 170 PS, max. 270 km/h

1990: Reynard-VW 903. Deutscher Meister

1989

Frank Schmickler

1990

Thomas Rabe

WILLI WEBER

Ich habe an Michael geglaubt

Willi Weber setzt 1989 auf Michaels Talent

Willi Weber, 52, ist Michael Schumachers persönlicher Manager. Der Stuttgarter hat 1989 den Formel-König-Meister in sein Formel-3-Team geholt und ihm den Weg in die Formel 1 geebnet.
Willi Weber ist nach wie vor Chef des WTS-Teams, das in der Deutschen Formel 3 Maßstäbe setzt. Seit 1989 hat es vier Deutsche Meister hervorgebracht. Ursprünglich ist Weber Chef einer Restaurantkette. Zeitweise besaß er 35 Restaurants, Kneipen und Hotels im Raum Stuttgart. 1995 sind es noch elf – darunter die Rennfahrerbar Paddock in der Stuttgarter Altstadt. Weber ist seit 33 Jahren verheiratet und hat eine Tochter in Michaels Alter.

Mit Michael Schumacher holt das WTS-Team 1990

Als Kind hat man bestimmte Vorstellungen, was man einmal werden will. Die meisten Jungen schwanken zwischen Feuerwehrmann, Polizist, Eisenbahner. Mein Herz und meine Liebe gehörten dagegen schon immer dem Automobil. Ich wollte Rennfahrer werden.

Ich habe mich dann doch für eine andere Karriere entschieden. Und prompt wurde aus dem angestrebten Rennfahrerleben eine harte Achtzig-Stunden-Woche. Das ging ganz schnell: Basis war eine Ausbildung zum Hotelkaufmann. Ziemlich früh habe ich einen gutgehenden Weinbrand-Vertrieb übernommen, und zudem war ich Keeper in einer amerikanischen Bar.

SEIFENKISTEN GEBAUT

iten Meistertitel in der Formel 3. Otto Rensing (l) ist sein härtester Konkurrent. Rechts Jörg Müller

Die viele Arbeit trug Früchte. Ich konnte mir einen Porsche leisten. Mit dem habe ich an richtigen Rennen teilgenommen.

Bereits in meiner Jugend sammelte ich etwas Rennerfahrung mit der Konstruktion von Seifenkisten. Meist handelte es sich um umgebaute Kinderwagen mit abenteuerlicher Hinterradlenkung, die ab einer gewissen Geschwindigkeit mit Sicherheit für einen eleganten Überschlag sorgte. Statt mit Pokalen und Urkunden kam ich mit Beulen und blutigen Knien nach Hause.

Insofern war mein Einstieg in den Porsche-Cup ein beachtlicher Fortschritt, der auch gesundheitlich positive Aspekte hatte. Es folgten Tourenwagenrennen, ein paar Läufe in der Gruppe C, und schließlich ab 1984 Formel 3. Ich hatte Gelegenheit, mich im Team Schwaben-Motor-Sport zu engagieren.

Die Formel 3 hat mich restlos begeistert. Das war ein ganz neues Fahrgefühl, das war Rennfahren pur. Meine Ergebnisse konnten sich durchaus sehen lassen. 1985 habe ich mein eigenes Team gegründet, das WTS-Team. (WTS stand für „Weber Tuning Stuttgart“, heute nennen wir es „Weber Technik Stuttgart“).

Ich war zunächst Teamchef und Fahrer in Personalunion. 1986 habe ich als schnellen Teamkollegen Joachim Winkelhock engagiert. Er ist der Bruder des 1985 tödlich verunglückten Manfred Winkelhock, der Anfang der Achtziger Jahre mehrere Jahre Formel 1 gefahren war.

Mein Schlüsselerlebnis hatte ich 1987: Ich war beim Siegerlandrennen zum erstenmal von der Bahn geflogen und sah mir das Rennen zwangsweise als Zuschauer an. Joachim Winkelhock und Bernd Schneider lieferten

Nach Startschwierigkeiten in der Saison 1990 führt Schumacher in den restlichen Läufen meist das F

sich einen harten Zweikampf. Mir wurde schlagartig klar: Mit denen würde ich nicht mehr mithalten können. Immerhin war ich mittlerweile Mitte vierzig. Ich beschloß, mich auf die Arbeit als Teamchef zu beschränken. Zusätzlich verlangten die Restaurants, die ich besaß, meine Aufmerksamkeit.

Meine ganze Kraft, auch die finanzielle, hab' ich danach in das WTS-Team gesteckt. Joachim Winkelhock wurde mit meinem Team 1987 Vizemeister, 1988 Deutscher Meister und Europameister.

Dann kam Michael Schumacher zu uns.

Als Teamchef hat man die Pflicht, sich nicht nur um das beste Auto, den besten Motor und die besten Mitarbeiter zu bemühen. Um zu gewinnen

VÖLLIG LOSGELÖST

braucht man vor allem den besten jungen Fahrer, der weit und breit zur Verfügung steht. Deshalb geht man zu den Läufen der Nachwuchsformeln, sucht, beobachtet, redet.

Mir war 1988 ein Junge aufgefallen, von dem ich lange nicht wußte, wie er aussieht. Ich habe ihn nur immer fahren sehen. Die Art und Weise, wie er ein Auto bewegte, hat mich begeistert. Es war eine Fahrweise, die völlig losgelöst war von den Fahrkünsten aller anderen Fahrer. Jede seiner Runden war gleich präzise. Man hätte eine Briefmarke auf seine Spur kleben können, er hätte sie bei der nächsten Runde exakt getroffen.

1988 gab es am Salzburgring im Rahmenprogramm der Formel 3 einen Formel-Ford-Lauf. Ich bin bewußt auf die Tribüne gegangen, um mir Michael Schumacher anzusehen. Er startete vom siebten Platz. Es regnete in Strömen. Aus der ersten Runde kam Michael mit 15 Sekunden Vorsprung zurück. Er hat das Rennen natürlich gewonnen.

In sechs Rennen holt er fünf glanzvolle Siege

Rivalen 1989: Schumacher, Frentzen, Bartels

Ich bat einen Mitarbeiter, ihn in unser Zelt zu holen. Zum erstenmal sah ich Michael ohne Helm.

„Möchten Sie mal einen Formel-3-Wagen testen?“ fragte ich ihn.

Er schnappte nach Luft. „Ich? Wieso ich?“

„Weil ich sehen möchte, ob Sie mit sowas genausogut zurechtkommen.“

Michael konnte es gar nicht fassen, war minutenlang völlig von der Rolle. Immerhin war er gerade mal 19 und fuhr seine erste Saison in einem Formelwagen.

Eine Woche später trafen wir uns am Nürburgring. Wir paßten den Sitz an, Michael setzte sich in den Wagen, fuhr los. Nach vier Runden hatte ich den Eindruck, als wäre er nie etwas anderes gefahren. Dabei war ein Formel-3-Auto damals nicht leicht am Limit zu bewegen.

In der fünften Runde rutschte er von der Piste und hatte einen kleinen

SUPERTALENT ENTDECKT

Schaden an der Frontpartie. Er war sichtlich erleichtert, als ich ihn tröstete: „Wird schnell repariert, dann gehts weiter.“ Drei Runden später war er 1,5 Sekunden schneller als mein Stammpilot. Das war für mich die endgültige Entscheidung.

Mir war klar: Ich hatte ein Super-Ausnahmetalent entdeckt. Noch am Nürburgring habe ich ihm angeboten: „Haben Sie Lust, die nächsten zwei Jahre in meinem Team zu fahren?“

Er schluckte. „Lust schon. Das wäre das Größte für mich. Aber – mir fehlt das Geld. Ich habe doch gerade meine Kfz-Schlosserlehre hinter mich gebracht.“

Eine Formel-3-Saison kostete damals rund 500.000 Mark pro Auto – knapp gerechnet. Aber ich hatte mir schon einen Plan zurechtgelegt. Ich war von Michaels Talent so überzeugt, daß ich ihm vorschlug: „Sie fahren weiter so gut wie bisher. Und ich regle die Finanzen. Sie brauchen kein Geld mitzubringen.“

FORMEL 3

Wichtigste Nachwuchsserie, seit 1975 in heutiger Form. 20 Läufe an 10 Wochenenden, meist im DTM-Rahmenprogramm. 2-Liter-Vierzylinder von Opel, VW, Fiat, Mugen oder Alfa, ca. 170 PS, Spitze ca. 270 km/h. Internationale B-Lizenz erforderlich. Die Deutsche F3 gilt als die beste der Welt.
Kontakt: Formel-3-Vereinigung, Franz-Mecker-Str. 34, 54638 Bitburg, Tel. 06561-3377.

Ich brannte einfach darauf, mit diesem Jungen Rennen zu gewinnen und die Motorsportszene zu verblüffen. Natürlich konnte ich nicht damit rechnen, fünf Jahre später den ersten deutschen Formel-1-Weltmeister unter Vertrag zu haben – aber meine Hoffnungen gingen insgeheim schon in diese Richtung.

Wir haben damals einen kleinen Vertrag geschlossen. Er läuft über zehn Jahre, also bis 1999. In dem Vertrag steht, daß

Naßgeschwitzt und fertig nach dem Rennen. 1990 ist Schumacher noch nicht so fit wie heute

Michael drei Jahre kostenfrei in meinem Team fahren kann. Wenn er irgendwann einmal durch Autorennen Geld verdienen

20 PROZENT

würde, so steht im zweiten Absatz, bekomme ich davon 20 Prozent.

Heute sagen viele, daß sie an Michaels Karriere mitgearbeitet haben. Ich war aber der einzige, der in das riskante Rennroulette investiert hat. Es war teuer. Aber es war das Große Los.

Michael wurde 1989 als zweiter Fahrer ins WTS-Team geholt – als hoffnungsvoller Nachwuchsfahrer übrigens von der ONS unterstützt. Nummer 1 war Frank Schmickler. Aber Michael fuhr mit seinem Reynard-Spiess permanent schneller. Nach der Hälfte der Saison war er im Team absolut die Nummer 1. Seine härtesten Gegner waren Heinz-Harald Frentzen, Karl Wendlinger und Michael Bartels.

Schon das erste Rennen der Saison auf dem Hockenheimring hätte Michael um ein Haar gewonnen. Er führte das Feld an, aber zwei Runden vor Schluß wurde er von Michael Bartels gerempelt. Immerhin rettete er sich als Dritter über den Rest des Rennens und stand gleich bei seinem ersten Formel-3-Lauf auf dem Treppchen. Weil er dort auch bei den nächsten beiden Rennen landete, führte er die Tabelle an.

Beim fünften Rennen, in Zeltweg, holte er im strömenden Regen nach einem harten Duell mit Heinz-Harald Frentzen den ersten Sieg seiner Formel-3-Karriere. Danach hatte er ein paarmal Pech, fiel sogar einmal aus. Frentzen und Wendlinger übernahmen in der Meisterschaftswertung die Führung.

Beim vorletzten Lauf, auf dem Nürburgring, holte sich Michael mit seinem zweiten Saisonsieg alle Chancen auf den Titelgewinn zurück. Die Entscheidung fiel beim Finale in Hockenheim. Alle drei konnten den Titel einheimsen. Aber Michael

MICHAEL WAR TRAURIG

wurde Dritter, Heinz-Harald Frentzen Zweiter – und Michael Bartels Erster. Karl Wendlinger rollte als 14. durchs Ziel. Aber aufgrund der damals üblichen Streichresultate wurde er Saisonsieger. Er hatte einen Punkt Vorsprung vor den beiden anderen. Weil Michael einen Sieg weniger hatte als Heinz-Harald beendete er die Saison 1989 punktgleich mit ihm als Dritter.

Er war traurig. Michael war 1987 Deutscher Kart-Meister geworden, 1988 Formel-König-Meister. Der dritte Platz, auch bei nur einem Punkt Rückstand auf den Meister, war eine Enttäuschung. Michael ist ehrgeizig, ein absoluter Siegertyp.

Ich nahm ihn auf die Seite. „Ich bin froh über das Ergebnis", sagte ich.

Er biß sich auf die Lippe. „Ich hätte die Meisterschaft gewinnen können."

„Es wäre zu früh gewesen, Michael. Zwei Jahre Formel 3 sind die optimale Schulung für höhere Aufgaben. Wenn du als Mei-

Willi Weber (3.v.r.) mit seinem Team und dem Topfahrer Michael Schumacher im Auto von 1990

Alle Rennergebnisse auf den vorderen Umschlagseiten

ster ein weiteres Jahr in der Formel 3 fahren würdest, könntest du nur gegen deinen eigenen Titel kämpfen. Du hättest keine Chance, dich zu verbessern. Jetzt hast du ein Ziel. Du kannst Champ werden."

Er lächelte. „Ich werde es", versprach er.

Die zweite Formel-3-Saison begann Michael als haushoher Favorit. Diesmal waren Otto Rensing und Wolfgang Kaufmann seine stärksten Rivalen. Aber dann kam das große Zittern für unser Team. Bei den beiden ersten Läufen in Zolder und Hokkenheim kam Michael von der Bahn ab. Beim dritten Rennen spielte uns eine Nachlässigkeit übel mit. Die Sportkommissare stellten nach dem Training fest, daß Michaels Auto zwei Kilo zu leicht war. Michael mußte aus der letzten Reihe starten. Dennoch kam er auf Platz 5 und holte sich die ersten Punkte der Saison.

Damit war der Knoten geplatzt. Von den nächsten sechs Rennen gewann er fünf, einmal wurde er Zweiter. Sein Vorsprung war uneinholbar.

Ins letzte Rennen am Hockenheimring ging er bereits als Meister. Aber

EUROPAMEISTER FÜR 15 MINUTEN

diesmal war ein junger Finne am Start, der die britische Formel-3-Meisterschaft gerade in der Tasche hatte. Mika Häkkinen, so hieß der Gaststarter, schlug Michael um fünf Sekunden.

Mit sportlichen Niederlagen konnte Michael leben. Was ihn aber schwer traf, waren Urteile am Funktionärstisch, die er als ungerecht empfand. Bei den Europameisterschaftsläufen 1988 führte er in Le Mans mit 23 Sekunden Vorsprung. Er kollidierte dann beim Überrunden, kam noch bis in die Box und stieg in das Ersatzauto um. Das war in der Formel 3 erlaubt. Michael gewann das Rennen und wurde als Europameister gefeiert.

Nach 15 Minuten war er den Titel wieder los. Da hatte jemand festgestellt, daß Michaels Auto einen VW-Motor hatte, der Ersatzwagen einen Opel-Motor. Verschiedene Motoren aber waren laut Reglement nicht erlaubt. Michael war stundenlang nicht ansprechbar vor Enttäuschung.

Ein paar Wochen später trafen Mika Häkkinen und Michael wieder aufeinander – bei der inoffiziellen Formel-3-Weltmeisterschaft in Macau. Und wieder machten die beiden das Rennen unter sich aus. Mika fuhr bei einer hitzigen Attacke auf den führenden Michael gegen die Leitplanke.

Michael gewann nicht nur dieses Rennen. Er gewann auch den folgenden internationalen Formel-3-Lauf in Fuji. Und das war eine riesige Sensation.

Ein Spediteur hatte 20.000 Pfund ausgesetzt, für denjenigen, der die Läufe von Macau und Fuji gewinnen würde. Das galt als völlig unwahrscheinlich, noch nie hatte es einer geschafft.

Als Michael beide Rennen souverän gewonnen hatte, war die Prämie gar nicht vorhanden. Der Spediteur hat uns einen Scheck gemalt, und wir haben lange und zäh ringen müssen, bis er uns dieses Gemälde gegen Bargeld eingetauscht hat.

Die beiden Siege in Macau und Fuji waren für mich Michaels absoluter

EDDIE JORDAN BEGEISTERT

Durchbruch. Endlich erkannte auch die internationale Presse, daß hier etwas ganz besonderes geschah. Immer wieder wurde ich auf „Shoemaker" angesprochen, und es war vielen klar, daß er bald in der Formel 1 auftauchen würde. Besonders begeistert war Eddie Jordan. Eddie hatte viele Jahre sehr erfolgreich ein Formel-3-Team in England aufgebaut (und zum Beispiel Mika Häkkinen entdeckt). Der Ire und ich waren Freunde geworden. Eddie erzählte mir, daß er 1991 in die Formel 1 einsteigen wolle. „Mit Michael", sagte er, „möchte ich mal Testfahrten machen..."

Parallel zur Formel-3-Meisterschaft war Michael 1990 Gruppe-C-Wagen gefahren. Jochen Neerpasch hatte ihn gemeinsam mit Karl Wendlinger und Heinz-Harald Frent-

Macau 1990: Michael Schumacher (Nr. 3) gewinnt

Strahlender Sieger, lächelnder Zweiter: Michael und Mika in Macau

offizielle Formel-3-WM gegen den Britischen F3-Meister Mika Häkkinen (2)

zen für das Juniorenteam von Mercedes ausgewählt. Viele Experten hatten mich damals für verrückt erklärt, weil ich es befürwortete. Sportwagenmeisterschaften wurden von gesetzteren Herren gefahren, die für Formel-Karrieren zu alt waren. Man warf mir vor, daß Michaels Talent hier verkümmern würde.

Aber es war natürlich keine einsame Entscheidung von mir gewesen. Michael und ich haben lange am Tisch gesessen und das Für und Wider abgewogen. Wie immer: Ich mit den vielen Jahren Erfahrung voraus und mit Gespür für das Machbare. Michael mit seiner feinabgestimmten Antenne, die ihn zielstrebig seinen Weg finden läßt.

Die Mercedes-Ausbildung bei Sauber war für Michael die denkbar beste Schule. Mercedes holte 1990 die Sportwagen-Markenweltmeisterschaft – und Michael hatte daran seinen Anteil. Zusammen mit seinem Meistertitel in der Formel 3 war es ein Jahr des Triumphs für ihn.

1991 fuhr er weiter für Mercedes in der Gruppe C. Natürlich hätte er jetzt auch ein Cockpit in der Formel 3000 bekommen können. Aber die möglichen Teams erschienen uns nicht stark genug. Wir hofften, daß es bald ein Formel-1-Cockpit für Michael geben würde.

Die Chance war plötzlich da. Aber das soll der Mann erzählen, der die Fäden gesponnen hat. Jochen Neerpasch, damals Rennleiter bei Mercedes und Geschäftsführer bei Sauber.

1991: Der C291 mit 12-Zylinder-V-Motor, 3,5 Liter, 650 PS

Sportwagen-WM

1990: Platz 5, Marken-Weltmeister

1991: Platz 9, Markenwertung: 3

1990-91 Junior

Dominierte 1990 die Gruppe C: Sauber-Mercedes C 11. 5 Liter V8, ca. 850 PS

in Gruppe C

JOCHEN NEERPASCH

Unsere Sauberlehrlinge

Jochen Neerpasch hat als Mercedes-Rennleiter Michael Schumacher in die Formel 1 gebracht. Er ist seit vielen Jahren eine einflußreiche Persönlichkeit in der internationalen Rennszene. Seine Kurzbiographie: Porsche-Werksfahrer bis 1968, dann Rennleiter bei Ford. Von 1972 bis 1980 baute er die BMW-Motorsport GmbH mit dem BMW-Juniorenteam auf. Nach kurzem Engagement bei Talbot (Formel-1-Pläne) kam er als Delegierter zur FIA in Paris. Zwei Jahre war er für die Sportwagenweltmeisterschaft zuständig. Nach einem mehrjährigen Engagement bei der Sportvermarktungsfirma IMG wurde Neerpasch 1988 Rennleiter bei Mercedes und gleichzeitig Geschäftsführer bei der Sauber AG. Nachdem sich Mercedes 1991/92 von den Formel-1-Plänen verabschiedet hatte, sah sich Neerpasch nach neuen Aufgaben um. Seit 1993 arbeitet er für Sport-Vermarktungsgesellschaften. Eine seiner Aufgaben ist die Durchsetzung der DTM-Konkurrenz D1-ADAC-Super-Touren-Wagencup (STW).
Jochen Neerpasch wohnt heute in Monte Carlo.

1987 fiel bei Mercedes eine epochale Entscheidung. Nach über dreißigjähriger Pause wollte der Weltkonzern wieder in den Spitzensport einsteigen. Als Termin wurde die Saison 1992 anvisiert. Ich habe das Konzept der Fünf-Jahres-Strategie mit erarbeitet und als Mercedes-Rennleiter durchgezogen.

Understatement: Mercede

Kurz vor dem Ziel fällte der Mercedes-Vorstand 1991 eine Entscheidung, die zwar nachvollziehbar, aber auch diskussionswürdig war. Damals mußte der Konzern wegen wirtschaftlicher Schwierigkeiten 24.000 Mitarbeiter entlassen. In diesem Umfeld den Einstieg in die teure Formel 1 zu verkünden, das traute sich der Vorstand nicht. So wurde etwas halbherzig das Engagement des Sauber-Teams unterstützt.

Immerhin: Die mehrjährige Aufbauarbeit des Mercedes-Projekts Formel 1 brachte drei junge Fahrer nach vorne. So systematisch, vielleicht auch gründlich-deutsch, wie es bis dato kaum vorstellbar war. Einer von ihnen war fünf Jahre nach seinem Einstieg bei Mercedes Deutschlands erster Weltmeister in der Formel 1. Planmäßig zwar, nur aus Mercedes-Sicht mit dem falschen Motor im Heck.

Der Reihe nach. Der Schritt von Null in die Formel 1 ist ein gewaltiger Schritt. Mercedes hatte 1987 den Anspruch, nicht nur als Motorenlieferant dabeizusein, sondern ein komplettes Formel-1-Auto zu präsentieren. So wie Ferrari.

Bei der derzeitigen Leistungsdichte geht so etwas nicht von heute auf morgen. Aber Mercedes hatte ja einen erfolgreichen Partner im Motorsport: Der Schweizer Peter Sauber war damals mit den Mercedes-getriebenen Sportwagen in der Gruppe C sehr erfolgreich. Deshalb sollte sowohl der Motor im Sportwageneinsatz getestet werden, als auch die Organisation aufgebaut werden, mit der Mercedes in die Formel 1 einsteigen

-äsentiert seine Junioren Karl Wendlinger, HH Frentzen und Michael Schumacher in Schwarz-weiß

wollte. Deshalb wurde ich als Mercedes-Rennleiter gleichzeitig Geschäftsführer bei Sauber in Hinwil bei Zürich.

Mein Gedanke damals war: „Technik und Organisation können noch so perfekt sein – wenn der Faktor Fahrer nicht stimmt, ist alles umsonst.“ Fazit: „Wir sollten junge

MERCEDES 1989 WELTMEISTER

Fahrer als künftige Mercedes-Piloten für die Formel 1 aufbauen.“

Ich hatte Mühe, mich durchzusetzen. Immerhin war Sauber-Mercedes 1989 überlegen Weltmeister geworden. Die vier Mercedes-Piloten – Jean-Louis Schlesser (F), Jochen Mass (D), Mauro Baldi (I) und Kenny Achensen (GB) – belegten die ersten vier Ränge. Auch in der Markenwertung stand Mercedes unerreichbar vorne: Mit 155 Punkten hatten die Sauber-Mercedes-Teams mehr als dreimal soviel Zähler wie Konkurrent Jaguar, der in den Vorjahren die WM gewonnen hatte. Es war teuer und es war riskant, neue Fahrer auf die erfolgreichen Autos zu setzen. Schließlich konnte ich überzeugen: Für das Formel-1-Projekt brauchte Mercedes junge Talente.

Drei Fahrer hatte ich ausgeguckt: Die drei ersten der Deutschen Formel 3 des Jahres 1989. Karl Wendlinger aus Österreich war mit einem Punkt Vorsprung Sieger geworden. Punktgleich folgten Heinz-Harald Frentzen aus Mönchengladbach und Michael Schumacher

Ein dichtes Feld geht 1990 auf die Reise. Mercedes (Startnummer 1: Schless

Le Mans 91: Fritz Kreutzpointner (l) fährt mit Wendlinger und Schumacher

ldi) gewinnt haushoch die Markenmeisterschaft vor Jaguar und Nissan

GRUPPE C

Sportwagen-Weltmeisterschaften wurden von 1981-1992 ausgetragen. Es gab ein großzügiges Reglement, das erhebliche Leistungsunterschiede zuließ. Erfolgreichster Teilnehmer war in den achtziger Jahren Porsche. Nachdem 1991 3,5-Liter-Formelmotoren vorgeschrieben wurden, zogen sich immer mehr Werke aufgrund der hohen Kosten zurück. Mit dem Sieg von Schumacher/Wendlinger im japanischen Autopolis beendete auch Mercedes 1991 sein Engagement. 1992 fuhren Peugeot, Toyota und Mazda die letzte Sportwagenweltmeisterschaft unter sich aus. Seither ist nur Le Mans als Fragment übriggeblieben.
Die FISA unterteilte die Tourenwagen-Meisterschaften damals nach **Gruppe A** (Tourenwagen), **Gruppe B** (GT) und **Gruppe C** (Sportwagen).

aus Kerpen. Michael und Karl waren 20, Heinz-Harald ein Jahr älter. Für die Sportwagen-WM ganz und gar untypisch, in ihr

NEUES AUTO KONSTRUIERT

dominierten bis dato Herren gesetzteren Alters.

Sauber-Mercedes setzte 1990 ein neu konstruiertes Auto ein. Der C 11 ersetzte den WM-Sieger C 9. Schon bei der ersten Testfahrt in Le Castellet legte Jean-Louis Schlesser eine Zeit hin, die Peter Sauber beinahe die Stoppuhr aus der Hand geschlagen hätte. Mit dieser Zeit hätte man sich locker für einen Formel-1-Lauf qualifizieren können.

Über den ganzen Winter 89/90 hinweg standen Testfahrten an. Die drei Junioren hatten die einmalige Gelegenheit, ohne Konkurrenzdruck die Autos zu erproben. Es wurden unglaublich viele Kilometer gefahren, und Peter Sauber investierte jede Menge Zeit und Geld in die jungen Fahrer.

Schon damals kristallisierten sich Unterschiede zwischen den Talenten heraus. Karl Wendlinger erwies sich als besonnener, ruhiger Mensch, der lange brauchte, bis er die Strecke kannte und aus sich heraus auf die volle Leistung kam. Drei Tage war er der langsamste. Dann aber wurde er plötzlich superschnell und blieb es konstant.

Heinz-Harald Frentzen war das andere Extrem. Der lebte oft in einer anderen Welt. Wenn er ging, fiel er über seine eigenen Füße. Er war der schnellste, war immer gut gelaunt – und machte Fehler. Weil er oft unkonzentriert war.

Michael Schumacher war eine Ausnahmeerscheinung. Man spürte den gu-

HEILES ZUHAUSE

ten Hintergrund, das heile Zuhause. Er war eine in sich ruhende Persönlichkeit, ganz klar im Kopf. Er wußte schon damals: Ich will Weltmeister werden. Er hat es nie gesagt. Aber er hat es ausgestrahlt. Es gibt solche Persönlichkeiten. Es war faszinierend.

Wir waren damals alle darauf fixiert, einen Mercedes-Weltmeister der Formel 1 hervorzubringen. Aber man muß eine starke Persönlichkeit besitzen, um Champ zu werden. Michael Schumacher war wie ein Schwamm. Er hat begierig aufgesogen, was er für diese Persönlichkeitsbildung brauchte.

Es wird oft geschrieben, daß wir große Schulungen veranstaltet hätten. Unsinn: Die jungen Leute sollten ihre Autos kennenlernen. Alles andere entwickelte sich durch das Umfeld und den Umgang. Man muß nicht üben, in ein First-Class-Hotel zu gehen. Wer es einmal gemacht hat, weiß, wie es dort abläuft. Wer einmal in das Mikrofon eines englischen Reporters mühsame Statements stammelte, der wird sich anstrengen, seinen Englisch-Wortschatz auszubauen.

Peter Sauber hat die drei Junioren ständig in

STABILITÄT GESPÜRT

sein Haus und in sein Werk eingeladen. Die drei haben die Stabilität und die Sicherheit gespürt, die hinter diesem Mann steht. Die Sicherheit hat sie lernfähig gemacht. Außerdem haben alle drei ein Gehalt bezogen. Es war nicht besonders hoch, aber es hat sie unabhängig gemacht und ihnen den Rücken freigehalten für ihren Sport. Ein Konzept, das es vorher nicht gab. Und auch später nicht wieder.

Sauber-Mercedes setzte für die Weltmeisterschaft 1990 wiederum zwei Wagen ein. Das Reglement sah vor, daß jeweils zwei Fahrer sich einen Wagen teilten. Mercedes hatte drei Stammfahrer: Jean-Louis Schlesser, Mauro Baldi, Jochen Mass. Während Schlesser und Baldi einen Wagen fuhren, wechselte Jochen Mass sich jeweils mit einem der Junioren ab.

Die Regel war: Schlesser/Baldi gewannen die WM-Läufe. Aber Mass und der jeweilige Junior holten, wenn sie nicht ausfielen, den zweiten Platz.

Alles Trocken: Nur zwei Jahre seiner Karriere absolviert Michael Schumach

einem Dach überm Kopf

Jochen Mass war ein großartiger Lehrer für die Junioren. Sie haben gemeinsam die Abstimmung der Wagen erarbeitet und von der Erfahrung des erfolgreichen Ex-Formel-1-Piloten profitiert. Beim letzten Lauf der Saison, am 7. Oktober 1990, jagten Mass/Schumacher als Sieger durchs Ziel. Allerdings war der Mercedes-Wagen Nr. 1 ausgefallen.

Wiederum holte Sauber-Mercedes mit gewaltigem Vorsprung den Sieg in der Marken-Wertung: 67,5 Punkte. Die Verfolger: Jaguar (30 Punkte) und Nissan (26 Punkte). In der Fahrerwertung hatten Schlesser/Baldi 49,5 Punkte. Jochen Mass folgte mit 48 Punkten, während sich die Junioren Schumacher und Wendlinger mit jeweils 21 Punkten den 5. Rang teilten.

Parallel dazu konnten die Junior-Fahrer in der Formel 3 weiterfahren. Durch die starke Unterstützung von Mercedes hat Michael Schumacher 1990 in der Formel 3 den Kopf frei gehabt und ist Meister geworden.

VIEL PECH FÜR FRENTZEN

Heinz-Harald Frentzen traf bereits im ersten Jahr bei Sauber-Mercedes eine Entscheidung, vor der ihn viele warnten. Er ging auf Wunsch seines Sponsors Camel in die Formel 3000. Von dort erhoffte er sich eher den Einstieg in die Königsformel. Er hatte viel Pech, wurde dann von der japanischen Formel 3000 aufgefangen. Aber schwache Teams brachten ihn dort auch nicht weiter. Erst Ende 1993 holte ihn ein Anruf von Peter Sauber in die Formel 1 zurück: „Hallo Heinz-Harald. Wir haben eine Option für die Formel 1. Die möchten wir einlösen."

Statt Heinz-Harald Frentzen engagierte Mercedes damals Fritz Kreuzpointner für die Sportwagen-WM. Er hatte nicht die Ausbildung der Junioren, konnte nicht mithalten. Mittlerweile fährt er Truck-Grand Prix, wurde 1994 Dritter der DM.

Anfang 1991 änderte die FIA das Reglement der Sportwagen-WM. Statt der Turbo-Motoren wurden jetzt 3,5 Liter-Saugmotoren gewünscht – genau wie in der Formel 1. Die bisherigen Aggregate wurden nur noch unter

SCHWACHE DTM-EINSÄTZE

Mehrfach ließ Jochen Neerpasch seine Jungstars auch in der DTM antreten. 1990 griff Michael mit einem AMG-Fahrzeug sogar entscheidend in die Meisterschaft ein – ungewollt. Beim letzten Lauf auf dem Hockenheimring torpedierte er in der Startrunde den Venezolaner Johnny Cecotto, der bis dahin die Meisterschaft anführte. Durch diesen Crash wurde Hans-Joachim Stuck DTM-Meister 1990, Cecotto Zweiter.
1991 fuhr Michael zweimal einen Zakspeed-Mercedes 2,5 EVO 2. Beim Rennen auf dem Norisring am 30. Juni belegte er im 1. Lauf Platz 25, beim 2. Lauf fiel er aus. Beim nächsten Rennen, in Diepholz am 4. August hatte er wieder Pech: Aus beim ersten Lauf, Platz 14 beim zweiten. Für das Rennen, am 8. September, stand Michael nicht mehr zur Verfügung: Da saß er in Monza im Benetton.

Schumachers Auftritte im Zakspeed-Mercedes sind relativ erfolglos

Alle Rennergebnisse auf den vorderen Umschlagseiten

sehr schwierigen Bedingungen an den Start gelassen.

Sauber-Mercedes hatte einen revolutionär flachen Zwölfzylinder-V-Motor entwickelt, der auch in den geplanten Formel-1-Boliden eingesetzt werden sollte. Die Junioren Schumacher/Wendlinger waren mit dem neuen C291 von

MOTORTAUSCH IN 17 STUNDEN

Anfang der Sportwagensaison an unterwegs. Aber leider erwies sich das Aggregat noch als etwas unzuverlässig. Zudem war der flache Motor nur schwer zu wechseln. Zu Beginn der Saison dauerte ein Motorenaustausch 17 Stunden, später schafften es die Techniker zwar in fünf. Aber auch das war indiskutabel, erst recht bei einem Formel-1-Einsatz.

Obwohl die flachen Mercedes-Motoren zum Schluß der Saison leistungsstärker wurden als die Konkurrenzmaschinen, war Peter Sauber klar: Für den geplanten Formel-1-Einsatz kamen sie nicht in Frage.

Wir nahmen Kontakt zu seinem Landsmann Mario Illien auf. Dessen Ilmor-V10 trieb die Wagen des Teams Leyton House (früher March) – außerdem waren die Ilmor-Motoren die große Sensation in der amerikanischen IndyCar-Serie.

Mercedes kam in der Marken-Wertung nach zwei dominierenden Jahren nur auf den unbefriedigenden dritten Rang hinter Jaguar und Peugeot. Lediglich beim letzten Lauf der Saison, am 27.

August 1990: Mercedes-Triumph am Nürburgring. Die Fahrer (v.l.): Schumac

Oktober 1991 im japanischen Autopolis, holte das

SIEG IN AUTOPOLIS

Junioren-Team Schumacher/Wendlinger einen Sieg.

Aber da fuhren beide auch schon Formel-1-Rennen. Jedoch nicht wie geplant für Mercedes. Karl hatte ab dem Japan-GP einen kurzfristigen Vertrag mit Leyton House. Und Michael war nach dem Einstieg bei Jordan zum Benetton-Team gewechselt. Aber das ist eine ganz andere und ziemlich dramatische Geschichte, die ich hautnah mitbekommen habe.

Bitte lesen Sie dazu den Jochen-Neerpasch-Beitrag POKER UM MICHAEL ab Seite 72.

Auf den nächsten Seiten erzählen Jochen Mass und Peter Sauber über Michaels Gruppe-C-Zeit aus ihrer Sicht.

ss, Schlesser/Baldi, Brundle/Ferte. Die Mercedes- und ADAC-Vorstände steigen mit aufs Podium

EINMAL FORMEL 3000

Im Juli 1991 fuhr Michael Schumacher ein einziges Rennen in einem Formel-3000-Wagen. Mercedes-Rennleiter Jochen Neerpasch wußte, wie schwierig und unberechenbar die Formel-3000-Szene ist und wie leicht man plötzlich im falschen Auto sitzt. Also organisierte er einen „drive" im fernen Japan, um Schumacher dort in aller Abgeschiedenheit sein erstes Formel-3000-Rennen fahren zu lassen. Er wählte den Lauf in Sugo, der am 28. Juli stattfand. Das war genau das Datum, an dem die internationale Motorsportwelt und besonders die deutsche ganz woanders hinschaute: Nämlich nach Hockenheim, wo der Große Preis von Deutschland stattfand. Und mehr noch: Bevor Michael nach Japan flog, testete er den Formel-3000-Wagen von David Brabham in Snetterton. Schon nach wenigen Runden war er schneller als David.

Das Rennen in Sugo bestätigte Michaels Klasse. Er landete in seinem ersten Formel-3000-Rennen auf Platz 2, hinter Ross Cheever. Weitere Punkte konnte er nicht holen: Einen Monat später saß er bereits im Formel-1-Cockpit.

JOCHEN MASS

Er hat sich Zeit gelassen

Jochen Mass, 49, ist Deutschlands erfolgreichster Rennfahrer - nach Michael Schumacher: 104 Grand-Prix-Starts, 1 Sieg, 71 WM-Punkte. Seine Formel-1-Karriere beendete er 1982, danach fuhr er in der Sportwagen-Weltmeisterschaft. Nach großen Erfolgen mit Porsche wechselte er 1987 ins Sauber-Mercedes-Team. 1989 wurde er Lehrer des Junioren-Teams von Mercedes. Mass lebt heute in Monaco.

Seit „Schumi" Weltmeister ist, ist die Zahl derer, die schon immer an ihn geglaubt haben und schon immer wußten, daß er der geborene Weltmeister sei, um ein Vielfaches gestiegen. Natürlich!

Aber ich erinnere mich noch an die ersten Tests im C9 Sauber-Mercedes. Michael war schnell, aber mit viel Kraft und Willen unterwegs. Es fehlte ihm spielerische Leichtigkeit. Aber er erlernte sie überraschend schnell. So war er immer gewesen.

Was brachte Michael so weit nach oben? Etwa gutes Timing - das heißt im rechten Moment am rechten Ort zu sein und ein Gefühl für Gelegenheiten zu haben, die andere nicht erkannt und genutzt hätten? Oder der Zufall? Vielleicht auch ein wenig Glück? Sicher. Nur wenn alles zusammen kommt, liegt es meistens am Charakter desjenigen, dem anscheinend alles in den Schoß fällt.

Michael hat uns ältere Sauber-Piloten sehr aufmerksam beobachtet und sich seinen Teil dazu gedacht. Er spürte, daß er letztlich schneller sein würde. Es war nur eine Frage der Zeit. Und die hat er sich gelassen.

Analytisch mit sich selbst bügelte er seine Feh-

Lehrer Jochen Mass mit dem schnellsten Schüler

Der C291. Mit ihm siegten Schumacher/Wendling

FINAL-SIEG

Le Mans 1991: Mercedes rechnete mit einem Sieg, lud viele Journalisten ein. Aber die Junioren hatten Pech: Als Fünfte kamen Schumacher/Wendlinger/Kreuzpointner ins Ziel. Immer noch besser als die „Senioren" Mass/Schles-

Jochen Mass

ler aus. Genau darin zeigte er sein größtes Talent, nämlich seine Lernfähigkeit. Er glaubte auch nie daran, daß er der Größte sei, sondern er ließ sein Talent wachsen, war immer objektiv seinen eigenen Fähigkeiten gegenüber. Dies machte ihn zu einem sympathischen Fahrerkollegen: weil er auch ohne kapriziöse Eigenschaften sich in ein Team einfügte. Er überzeugte durch die Qualität seiner Arbeit und nicht durch Worte. Und das erst recht, als deutlich geworden war, daß er der schnellere Mann war, schneller als seine Lehrer.

Ich habe ihm einmal zu erklären versucht, daß er zu schnell unterwegs sei. Es war in Le Mans 1991. Er sollte, riet ich ihm, sein Material ein wenig mehr schonen. „Ach was", sagte er, „es geht doch alles ganz einfach." Am Morgen mußte etwas am Auto gewechselt werden. Da klang er leiser. „Ich glaube, Du hattest Recht", sagte er kleinlaut. Michael hat nie nach Entschuldigungen gesucht. Er ist ein Mann mit Vertrauen in seine Fähigkeiten und seine Arbeit. Und er ist noch nicht am Zenit seiner Talente!

Es kommt noch etwas. Etwas, worauf wir uns freuen können!

elt. Zwei Jahre fuhren Michael und er gemeinsam für Sauber-Mercedes

91 einmal in der Gruppe C. Der Zehnzylinder-Motor war zu störanfällig

ser. Sie fielen drei Stunden vor dem Ende aus - in Führung liegend. Sieger wurde das Mazda-Team.
Sensationell dann das Ende der Saison im japanischen Autopolis. Michael Schumacher und Karl Wendlinger steuerten ihren Wagen, der mit 650 PS fast so stark war wie ein Formel-1-Bolide, zum Sieg. Mass/Schlesser wurden Fünfte. Es war die letzte Fahrt der Sauber-Mercedes-Sportwagen. Nach diesem Sieg stieg Mercedes aus der Gruppe C aus.

Jochen Mass kommentiert gemeinsam mit Heiko Waßer die Formel-1-Übertragungen von RTL Television.

INTERVIEW

PETER SAUBER

Man kann niemanden zwingen

Ziel Formel 1: Peter Sauber und Michael

Peter Sauber hat die Sportwagen gebaut, mit denen Schumacher, Wendlinger und Frentzen (später Kreutzpointner) auf die Formel 1 vorbereitet werden sollten. Heute hat er ein eigenes Formel-1-Team. Einer aus dem einstigen Erfolgstrio der Gruppe C fehlt darin: Michael Schumacher. Aber in der Formel 1 kommt es meistens anders, als man denkt. Peter Sauber muß 1995 auch auf seinen langjährigen Motorenpartner Mercedes verzichten. Dafür bekommt er den neuen Ford-Zetec.

Wann haben Sie zum ersten Mal den Namen Michael Schumacher gehört?
Im Herbst 1989, als Jochen Neerpasch mir die Idee eines Juniorteams zum ersten Mal unterbreitete und mir die Namen einiger Talente aus der Formel 3 nannte. Er machte den Vorschlag, die drei besten Fahrer aus der Formel-3-Meisterschaft zu verpflichten.

Wie ließ sich Ihre Zusammenarbeit an?
Zu Beginn stand ich der Idee eines Juniorteams kritisch gegenüber. So beobachtete ich die drei jungen Fahrer, die sich da anschickten, einen so starken Sportwagen zu fahren, auch erst einmal sehr aufmerksam. Alle drei hatten mich nach kurzer Zeit durch ihre guten Leistungen angenehm überrascht. Es herrschte schnell eine entspannte und gute Atmosphäre.

Ist der Erfolg von Michael Schumacher auch eine Bestätigung Ihrer Arbeit?
Michael hat in einer sehr wichtigen Phase seiner Karriere bei uns die Chance erhalten, sich in einem professionellen Feld ohne Druck zu entwickeln. Sauber und Mercedes haben jungen Fahrern die Möglichkeit gegeben, einen ganzen Winter lang viele, viele Kilometer im Rennauto zu fahren, um sich auf höhere Aufgaben vorzubereiten. Daß wir unsere Sache nicht schlecht gemacht haben, bestätigen die Erfolge – nicht nur die von Michael, auch die von Karl und Heinz-Harald. Alle drei sind heute sehr gute Formel-1-Fahrer und darüber freue ich mich natürlich.

Gab es eine Rivalität zwischen den Mercedes-Junioren?
Rennfahrer, die im gleichen Team fahren, sind immer Rivalen. Natürlich hat jeder versucht, immer noch schneller oder besser zu sein als die beiden anderen. Um diese natürliche Rivalität nicht noch anzuheizen, haben wir uns immer bemüht, für strikte Gleichbehandlung zu sorgen. Und was ganz wichtig ist: keinen Leistungsdruck zu erzeugen.

Bitte beschreiben Sie die unterschiedlichen Charaktere der Fahrer und ihre Fahrweisen.
Michael war sicherlich der zielstrebigste in diesem Trio. Er wußte stets genau, was er wollte, zumindest hat er diesen Eindruck gemacht. Er hatte die Gabe, auf Anhieb schnell zu sein, ohne dabei die Reifen oder die Mechanik zu überfordern. Heinz-Harald hatte diese Gabe auch in hohem Maße, er war sogar ab und zu einen kleinen Tick schneller als Michael, nahm aber die Dinge nicht so ganz ernst. Karl war viel introvertierter. Er brauchte auch in der Regel etwas mehr Zeit, um so schnell zu sein wie die beiden anderen, stand ihnen aber dann in nichts nach.

Haben Sie in einem der drei einen künftigen Weltmeister gesehen?
Mir war bald klar, daß es alle drei im Motorsport weit bringen könnten. Aber in diesem Stadium wäre es zu früh gewesen,

Prognosen zu wagen. Und dann darf man nicht vergessen: es gehört im gesamten Motorsport neben dem Können auch noch eine ganze Portion Glück dazu, um Erfolg zu haben.

Gab es bei einem oder mehreren der Fahrer das klare Ziel Formel 1?
Alle drei hatten dieses Ziel klar vor Augen, und schließlich haben wir das auch gemeinsam erreicht.

Warum gibt es die Gruppe C nicht mehr?
Politisch war eine Alternative zur Formel 1 nicht gewünscht. Je mehr Hersteller sich für die Gruppe C interessierten, desto stärker wurden die Gegenkräfte. Das hat dann auch funktioniert: mit Mercedes und Peugeot sind die beiden stärksten Hersteller der letzten Gruppe-C-Jahre heute in der Formel 1.

Wie kam es zu Ihrem Entschluß, in die Formel 1 einzusteigen?
Nach dem Entschluß von Mercedes, das Sportwagenprogramm mit dem Schluß der Saison 91 zu beenden, war geplant, gemeinsam den Schritt in die Formel 1 zu gehen. Als der Mercedes-Vorstand dieses Projekt kurz darauf völlig überraschend ablehnte, haben wir alle denkbaren Alternativen geprüft. Wir sind zu dem Schluß gekommen, daß es nur die Möglichkeit gab, den bereits begonnenen Weg allein weiterzugehen. Erleichtert wurde uns der Entschluß durch die Tatsache, daß Mercedes zu seinen Verpflichtungen für die Restlaufzeit unseres gemeinsamen Fünf-Jahresabkommens stand.

Warum haben Sie nicht ernsthaft versucht, Michael Schumacher für Ihr F1-Engagement zu gewinnen? Laut Jochen Neerpasch wäre ein Vertrag mit Michael für ein Team „Sauber-Mercedes“ möglich gewesen.
Das ist richtig und trifft zu. Michael betrachtete jedoch eine Formel-1-Saison mit einem Newcomer-Team, wie wir es waren, als Rückschritt gegenüber einer Fortsetzung seiner steilen Karriere mit Benetton. Selbst wenn es vertragliche und juristische Möglichkeiten gab, so macht es nach meiner Überzeugung dennoch keinen Sinn, einen Sportler zu zwingen, etwas zu tun, was er nicht will.

Charakterisieren Sie doch bitte einmal Michael Schumacher
Als Ganzes betrachtet ist er, so glaube ich, schon ein Ausnahmetalent. Er hat auf der einen Seite ein hohes Fahrgefühl, auf der anderen Seite ist er sehr kampfstark, ohne Fehler zu machen, und das dritte, was sicher genauso wichtig ist: Michael hat ein sicheres und kontrolliertes Auftreten.

Haben Sie noch engeren Kontakt zu Michael Schumacher?
Nein. Das ist im hektischen Renngeschäft und in Anbetracht der Konkurrenzsituation auch nur schwer möglich. Ich bin allerdings in Adelaide nach dem Rennen in die Benetton Box gegangen und habe ihm ganz herzlich zum Weltmeistertitel gratuliert. Darüber hat er sich sehr gefreut. Es war übrigens fast auf den Tag genau fünf Jahre her, seit er als Junior in einen Sauber-Mercedes C9 geklettert war.

PR-Kampagne: Als Rocker präsentiert Mercedes 1991 Kreutzpointner, Wendlinger, Schumacher

Jordan-Ford 1

Saisonbilanz 1991

Michael Schumacher
4 Punkte,
Zwölfter der Fahrer-WM

Andrea de Cesaris
9 Punkte,
Neunter der Fahrer-WM

Nelson Piquet
1 Sieg, 26,5 Punkte,
Sechster der Fahrer-WM

Benetton-Ford B19

1991 Einstieg in

5 Liter V8, ca. 660 PS

TEAMKOLLEGEN

Bei Jordan:

Andrea de Cesaris

Italiener, geb. 31.05.1959
Formel 1 seit 1980 für Alfa Romeo, McLaren, Ligier, Minardi, Brabham, Rial, Dallara
Bis Saisonbeginn 91
150 GP-Einsätze, 38 WM-Punkte

Bei Benetton:

Nelson Piquet

Brasilianer, geb. 17.08.1952
Formel 1 seit 1978 für Ensign, McLaren, Brabham, Williams, Lotus
Bis Saisonbeginn 91
188 GP-Einsätze, 22 Siege
Weltmeister 81, 83 (Brabham), 87 (Williams)

,5 Liter V8, ca. 670 PS

die Formel 1

JOCHEN NEERPASCH

Poker um Michael

Jochen Neerpasch (r.) mit Tom Walkinshaw

Die Sportwagenmeisterschaft war 1991 nicht sehr erfolgreich für Michael Schumacher und seinen Teamkollegen Karl Wendlinger. Mercedes-Rennleiter Jochen Neerpasch erkannte die Chance, als ein Formel-1-Cockpit im Jordan frei wurde. Er kaufte den Platz für Michael. Hier erzählt er erstmals von dem dramatischen Tauziehen hinter den Kulissen – und warum Michael dann bei Benetton landete.

Mehr über unseren Autor Jochen Neerpasch erfahren Sie auf Seite 58

Zufrieden betrachtet Michael seinen blankgeputzte

Im August 1991 bekam Sauber-Mercedes überraschend die Chance, einen der Junioren in der Formel 1 zu testen. Und zwar im Newcomer-Team von Eddie Jordan. Ein Team, das sich in der Konstrukteurs-WM gleich im ersten Jahr an die „Großen Vier" McLaren, Williams, Ferrari und Benetton herangeschoben hatte.

Jordan-Fahrer Bertrand Gachot war zu einer kurzfristigen Gefängnisstrafe verurteilt worden und Eddie Jordan brauchte einen Ersatzfahrer. Außerdem brauchte der Ire in seinem ersten Formel-1-Jahr vor allem eines: Geld. Und deshalb wurden Kontakte

elm für seinen ersten Formel-1-Einsatz, den er im Jordan absolvieren kann

zu Mercedes geknüpft. Die Nummer 1 der Automobilbranche galt als reich, man hatte erfolgreiche Piloten unter Vertrag.

Für eine erkleckliche Summe wollte Eddie Jordan einem Nachwuchsfahrer sein F1-Cockpit für ein Rennen zur Verfügung stellen. Er bot dafür Werbefläche auf dem Wagen an. Mercedes akzeptierte die Summe. Innerhalb von fünf Tagen konnte die Werbefläche an Sponsoren verkauft werden. Wir benannten Michael Schumacher als Fahrer.

Kaum einer aus Eddie Jordans Umfeld kannte damals den jungen Kerpener. Aber wenn einer in der Deutschen Formel 3 gesiegt hat, außerdem beim F3-Weltfinale in Macau und als Mercedes-Junior in der Sportwagen-WM die Markenmeisterschaft mitgewonnen hat – dann konnte er ja so schlecht nicht sein. Vor allem aber überzeugte Eddie das Geld aus Stuttgart.

Michael flog am Montag vor dem Großen Preis von Belgien nach Silverstone. Dort ist das Jordan-Werk. Am nächsten Morgen drehte er seine Runden – und war schon nach kurzer Zeit schneller als jeder Jordan-Fahrer vor ihm.

Eddie Jordan erfuhr davon telefonisch in Spanien. „Sofort unter Vertrag nehmen!" sagte er seinem Teammanager Ian Philips. Der formulierte einen Vertragsentwurf. Der Inhalt in Kurzform: Michael Schumacher wird drei Jahre für Jordan fahren, solange Mercedes nicht selber in die Formel 1 einsteigt. Mercedes zahlt eine feste Summe pro Rennen und

VERTRAG NICHT UNTERSCHRIEBEN

darf im Gegenzug Sponsorfläche auf dem Jordan verkaufen. Der Vertrag wurde besprochen, aber noch nicht unterschrieben.

Beim Freitagstraining in Spa wurde der Szene offenkundig, welchen Juwel Eddie Jordan an Land gezogen hatte. Michael qualifizierte sich auf Anhieb für die vierte Startreihe.

Ich war am Freitag nicht in Spa. Plötzlich bekam ich einen aufgeregten Anruf von Michael: „Jochen, ich soll so eine Art Vorvertrag unterschreiben. Sonst will man mich nicht fahren lassen."

Ich ließ mir den Vertrag vorlesen. Er lautete – auf englisch: „Im Gegenzug dafür, daß ich den belgischen GP fahre, werde ich den Vertrag unterschreiben."

„Wer hat dir das gegeben?" fragte ich.

„Ian Philips."

Ich sagte: „Unterschreib. Aber streich das Wort ‚**den**' vor dem Wort Vertrag. Schreib stattdessen ‚**einen**'."

Michael unterschrieb also, daß er „einen Vertrag" unterschreiben wird. Ich gebe zu, es war nicht die feine englische Art von uns. Aber auch Eddie Jordan war nicht ganz fair, Michael unmittelbar vor dem Rennen den Vertrag abpressen zu wollen. Wenn ein junger Fahrer in die Formel 1 kann, unterschreibt er normalerweise blind. Aber Michael war cool genug, meinen Rat einzuholen. Ich hatte nur eine Hoffnung: Daß Philips die Änderung nicht merkte.

Er sah sie nicht. Eddie Jordan wäre das nicht passiert.

Michael fiel kurz nach dem Start am Sonntag wegen einer geplatzten Getriebeglocke zwar aus, aber sein Einstieg in die Formel 1 war sensationell. Besonders glücklich war Bernie Ecclestone. Der Drahtzieher der Formel 1 hatte immer gesagt: „Der Formel 1 fehlt ein Deutscher, ein schwarzer Südafrikaner und eine Frau, die Weltmeister wird."

Jetzt hatte er den Deutschen. Und den wollte er in ein Team bringen, das ihm nahestand, das gewinnen konnte.

Zu den engsten Freunden Bernie Ecclestones zählt Flavio Briatore, seit 1989 Chef des Benetton-Teams. Briatore hatte zwei Brasilianer unter Vertrag: Den dreifachen Weltmeister Nelson Piquet. Und Roberto Moreno, der als Ersatz für den bei einem Hubschrauberunglück schwerverletzten Alessandro Nannini ins Team kam.

Ecclestone stellte den Kontakt zwischen uns her. Mir war das sehr recht. Denn Eddie Jordan wollte plötzlich den Vertragsentwurf zu seinen Gunsten umbiegen. Die Sponsorflächen, die Mercedes zur Verfügung standen, wurden drastisch reduziert. Und schließlich überraschte er mich noch mit der Mitteilung, daß er 1992 nicht mehr den bewährten Ford-Motor haben würde, sondern den Yamaha-Zwölfzylinder. Eddie Jordan hätte dafür nichts zu zahlen brauchen, aber das große Vertrauen hatte niemand in das Aggregat, mit dem das deutsche Zakspeed-Team zwei Jahre zuvor in der Formel 1 gescheitert war.

Die Verhandlungen mit Benetton liefen unkompliziert. Treibende Kraft war Tom Walkinshaw, Briatores neuer Partner. Tom war vorher Chef des Jaguar-Sportwagenteams gewesen und kannte Michael aus der Sportwagenzeit.

Es wurde nicht um Geld gefeilscht – Benetton wollte von Mercedes nur Michael, kein Geld. Das größte Problem war Michael selber. Der hatte sich im Jordan-Team wohlgefühlt, und er ist ein treuer Partner. „Ich lasse Eddie nicht sitzen", sagte er immer wieder. Willi Weber,

EIN WORT ALS SCHLUPFLOCH

sein engster Vertrauter, redete eine Nacht lang auf ihn ein, überzeugte ihn.

Das geänderte Wort in dem von Michael unterschriebenen Vorvertrag war das Schlupfloch, um aus dem Jordan-Team auszusteigen. Wir legten Jordan einen Vertrag vor, den er erwartungsgemäß nicht unterschrieb. Damit war Michael frei für Benetton.

Bernie Ecclestone versöhnte in einer langen, diskussionsreichen Nacht im noblen Hotel Villa d'Este bei Monza die Kampfhähne. Mit dabei saßen auch die Anwälte von Roberto Moreno, der für Michael den Benetton-Wagen mit der Nummer 19 räumen mußte. Moreno wurde mit einem größeren Scheck aus der Benetton-Kasse beruhigt. Und gleichzeitig von Eddie Jordan für die nächsten beiden Rennen engagiert.

Eddie Jordan war damals ein armer Teamchef. Beim Grand Prix von Belgien wohnte seine Crew, inklusive Michael und Manager Weber, in einer Jugendherberge, während die Fahrer von McLaren oder Williams mit dem Hubschrauber aus Brüssel einschwebten. Aber Eddie Jordan ist ein begabter Mann mit einem guten Team, das zeigte sich von Jahr zu Jahr deutlicher. Er hatte immer ein Gespür für Talente. Er wollte junge Fahrer unter Vertrag nehmen und sie dann mit Gewinn an andere Teams abgeben. Ihm war sicher klar, daß er ein Talent wie Michael Schumacher nicht halten konnte. Aber er hat sich nie verziehen, daß er an Michaels Wechsel kein Pfund verdient hat.

Der Mercedes-Vorstand hat wenige Wochen später entschieden, sein Formel-1-Engagement zurückzustellen. Der Grund war vor allem die schlechte wirtschaftliche Lage. Außerdem gab es damals keinen Motor von Mercedes, der für die Formel 1 zuverlässig genug war. Peter Sauber entschied sich für den Ilmor-Motor.

Das Sauber-Engagement für das Jahr 1992 wurde von Mercedes zwar finanziert und mit dem Satz „concept by Mercedes-Benz" auf den Sauber-Wagen dokumentiert. Aber Mercedes gab nur das Rennbudget. Ein Entwicklungsbudget wurde nicht vorgesehen. Deshalb hörte ich als Sauber-Geschäftsführer auf.

VERLIERER BERTRAND GACHOT

Bei einer Keilerei mit dem Londoner Taxifahrer Eric Court im Dezember 1990 hatte der Wahlbelgier Bertrand Gachot, Sohn eines hohen EU-Funktionärs, zur CS-Gasflasche gegriffen. Ein halbes Jahr später, nach dem Großen Preis von Ungarn 1991, erkannte der zuständige Richter auf das drakonische Strafmaß von 18 Monaten Gefängnis (später reduziert) gegen den Jordan-Piloten. Dadurch wurde Gachots Cockpit im Jordan frei – für Michael Schumacher.

Bertrand Gachot

Eddie Jordan mit seiner Entdeckung. Er kassiert angeblich 450.000 Mark für Michaels Einsatz

Viele Belgier stehen hinter ihrem Landsmann Gachot, für den Michael ins Jordan-Cockpit steigt

Formel-1-Rennergebnisse von 1991 auf den Seiten 84 und 85

WILLY KNUPP

Einsteiger mit Umsteigkarte

In der RTL-Sprecherkabine: Willy Knupp

Willy Knupp, 58, ist Projektleiter Motorsport bei RTL. Der Journalist, der als ADAC-Pressechef 1970 zu RTL wechselte, hat die Formel 1 vielen Menschen in Deutschland nahe gebracht. Er kommentierte die Rennen seit 1972 – zunächst für RTL Radio, seit 1984 bei RTL plus. Willy Knupp ist mit den Großen des Motorsports auf Du und Du. 1993 übergab Willy Knupp die Kommentatoren-Kabine von RTL an Jochen Mass. Knupp ist Herausgeber der RTL-Motorsportbücher. Er hat den Einstieg und den Aufstieg von Michael Schumacher hautnah miterlebt.

Die Bremsen glühen, die Konkurrenz ist geschockt

Es ist die reine Routine, die gleichen, gewohnten Handgriffe, die er schon tausendmal gemacht hat: Die feuerfeste Haube über den Kopf ziehen, den Overallkragen sorgfältig verschließen. Der Griff zum Helm mit dem sorgsam gereinigten Visier, ein suchender Blick zu den Handschuhen. Dann noch schnell kontrollieren, ob die dünnen Sohlen der Rennfahrerschuhe auch wirklich sauber sind und rein geht es in die dunkle Röhre des schmalen Cockpits. Helfende Hände, die ihn mit den Sechspunkt-Gurten festzurren. Mechaniker wieseln um sein Auto, im Rückspiegel verfolgt er, wie der externe Starter installiert wird. Zum Zeichen seiner Bereitschaft

VON WEGEN ROUTINE

hebt er die rechte Hand und läßt den Zeigefinger kreisen. Augenblicklich springt der Motor an.

Von wegen Routine: Dies war eine Premiere, dies war die erste Fahrt des Michael Schumacher in einem Formel-1-Wagen. Er saß in Silverstone in einem grünen Boliden des neugegründeten Formel-1-Teams von Eddie Jordan, und jetzt ging es raus auf die Piste. Datum: 20.8.91.

Gefahren wurde nicht der ultraschnelle Grand-Prix-Kurs, sondern auf einer kleineren Variante, dem sogenannten „South-Circuit“. Hier hatten Ber-

chon im ersten Training fährt Schumacher Zeiten, über die viele Formel-1-Experten nur staunen

Mit dem Fahrrad auf dem Weg zu den Boxen

trand Gachot und Andrea de Cesaris, die beiden Jordan-Piloten, schon unzählige Testrunden gedreht. Ihre Zeit galt es zu schlagen.

Die ersten zwei, drei Runden in einem Formel 1 waren gewöhnungsbedürftig, doch schon in der vierten kam Michael gut zurecht. Teammanager

FAHR' BITTE LANGSAMER

Trevor Foster rief ihn aufgeregt in die Box. „Mike", bat er, „fahr' doch bitte ein bißchen langsamer. Wir haben kein anderes Auto mehr."

Später hat mir Michael erzählt: „Ich war ehrlich gesagt ziemlich überrascht. Fahr' bitte langsamer, das hört man normalerweise von besorgten Müttern, wenn sie auf dem Beifahrersitz sitzen. Dabei bin ich überhaupt nicht am Limit gewesen."

Michael verblüffte das irische Team restlos. Und schlagartig stand außer Frage, ob ein anderer vielleicht das Cockpit von Bertrand Gachot übernehmen sollte. Man hatte über viele nachgedacht. Auch über den DTM-Star Bernd Schneider. Derek Warwick und Stefan Johansson standen auf der Liste. Und sogar mein damaliger Co-Kommentator in der RTL-Kabine, Keke Rosberg – immerhin ein Formel-1-Weltmeister.

Im belgischen Spa-Francorchamps fanden sich in den Tagen danach Journalisten und Rennteams ein. Eddie Jordan gab ein TV-Interview. Man befragte ihn nach sei-

Der erste Grand-Prix-Start. Michael schießt auf Platz 5 vor – und fällt mit Getriebeschaden aus

nem Fahrer Bertrand Gachot, der derweil seine Haftstrafe absaß. Das Tre-

VERTEUFELTES TALENT

molo in Eddies Stimme klang geheuchelt: „Ich bin völlig am Boden zerstört über dieses harte Urteil", jammerte er. Als aber Kamera und Mikrofon abgeschaltet waren, gab der geschäftstüchtige Ire den wenigen Studiogästen zu verstehen: „Dieser Schumacher ist schon ein verteufeltes Talent."

Ich kannte Michael Schumacher damals von Gruppe-C-Läufen, ich war auch ein paarmal auf der Kartbahn in Kerpen gewesen. Aber es war nur eine flüchtige Bekanntschaft.

In Spa-Francorchamps trafen wir uns am Donnerstag im Fahrerlager. Das RTL-Team saß mit Michael und seinem Manager im Übertragungswagen zusammen. Ich kommentierte damals die Formel-1-Rennen für unseren Sender.

Es war eine Freundschaft auf den ersten Blick. Einfach, weil Michael so erfrischend natürlich und unkompliziert wirkte. Schlicht und spontan bot er mir das Du an: „Ich bin der Michael."

„Ich bin Willy", sagte ich. Wir stießen mit zwei Dosen Mineralwasser auf sein erstes Formel-1-Rennen an. Michael druckste herum: „Ich möchte mir die Strecke mal ansehen. Würden Sie, ehm Du, mitfahren?"

„Gerne", sagte ich. „Wir müssen uns nur eine Erlaubnis holen, um mit dem Privatwagen..."

Michael schüttelte den Kopf: „Wenn es geht nicht mit dem Auto. Mit dem Fahrrad."

Oh Gott. Ich sah diesen durchtrainierten jungen Mann. Hoffentlich,

PER RAD ÜBER DIE STRECKE

dachte ich, will er mit dem Rad nicht auf Formel-1-Tempo kommen.

Wollte er nicht. Ich habe diese Rennstrecke und in den Jahren danach etliche andere Kurse mit Michael kennengelernt – per Rad. Mit einer ungeheuren Wachsamkeit umradelt er die Kurse, registriert jede Welle, jeden Riß im Asphalt. In Kurven steigt er manchmal ab, grübelt über die Ideallinie.

Damals, in Spa, interessierte ihn besonders die Kurvenkombination Eau Rouge und Raidillon, jenes Streckenstück, das laut Alain Prost die Männer von den Knaben sondert... Was für eine gigantische Herausforderung, hier ohne zu lupfen durchzupfeilen. Minutenlang spazierte Michael diese Kurve ab, prüfte sogar den Asphalt mit den Fingerspitzen, ehe er sich am Abend zusammen mit Manager Willi Weber in die

Umsteiger: In Monza wechselt Shootingstar Schumacher vom Jordan in das Benetton-Cockpit

spröde Geborgenheit einer belgischen Jugendherberge zurückzog. Mehr konnte oder wollte Eddie Jordan seinem Team im ersten Formel-1-Jahr nicht gönnen.

Das erste ungezeitete Training am Freitag schloß Michael mit Platz 11 in seiner 18. Runde ab. Er war damit eine Sekunde schneller als sein routinierter Markengefährte Andrea de Cesaris, der immerhin 159 Grand Prix auf dem Buckel hatte. Im ersten Zeittraining hatte er sich bereits auf Position 8 vorgearbeitet, beklagte allerdings widrige Umstände: „Meine erste schnelle

KEINE ANGST VOR PROST

Runde mußte ich abbrechen, weil Eric van de Poele einen dicken Unfall hatte. In der zweiten behinderte mich Prost.“ Sprachlose Augenzeugen beobachteten, wie der kesse Novize anschließend die Faust reckte wider das Naturdenkmal Alain Prost. Der räumte später säuerlich ein, da sei ein Neuer unterwegs, der offenbar über gehöriges Talent verfüge.

In der Rush Hour am Samstag mittag endlich, als es um die Wurst ging, krallte sich Schumacher auf Rang 8 fest. Daraus wurde ein paar Stunden später ohne sein Zutun der siebte Startplatz. Die FIA-Kommissare hatten bei einer Stichprobe herausgetüftelt, an Riccardo Patreses Williams lasse sich der Rückwärtsgang nicht einlegen, und verbannten den erbosten Italiener in die neunte Startreihe. Michaels erfahrener Teamkollege Andrea de Cesaris stand zwei Reihen hinter dem Neuling auf Platz 10.

Im Warm-up am Sonntagmorgen verblüffte Michael vollends: Er fuhr die viertschnellste Zeit.

Natürlich waren wir alle auf ihn fixiert, als das Feld um 14 Uhr in die Aufwärmrunde ging. Aber dann erfuhren wir über Kopfhörer, daß er seiner Boxencrew bereits mitteilte, da stimme was nicht mit der Kupplung – zu spät. Dennoch schoß er sich beim Start auf die fünfte Position vor, während ganz vorn die beiden Grand-Prix-Ikonen Senna und Prost in neuer Brüderlichkeit die Spitzkehre La Source ohne Körperkontakt umrundeten.

Ein paar hundert Meter weiter jedoch endete auf der Gemarkung Kemmel das erste Kapitel von Michaels knalliger Erfolgsstory mit einer seltsamen Pointe: Sein Jordan rollte mit geplatzter Getriebeglocke still an den Rand.

„Ich bin“ sagte Mentor Jochen Neerpasch hinterher zu mir, „regelrecht erleichtert. An diesem Wochenende hat er alles erreicht, was man erreichen kann.“

Michael war trotz allem enttäuscht. Er meinte, daß er mehr hätte erreichen können als das schlagartige Interesse der Weltöffentlichkeit und der Formel-1-Bosse. Sein Jordan-Kollege Andrea de Cesaris hatte ein großartiges Rennen gefahren. „Er lag an zweiter Stelle – bis zu seinem Ausfall kurz vor Schluß. Ich darf gar nicht daran denken, wo ich gelegen hätte“, sagte er mir einige Tage später. Immerhin waren außer den McLaren-Fahrern Senna und Berger die Stars ausgefallen: Prost in der 2. Runde, Mansell in der 22., Alesi in der 30. So kamen die Benetton-Fahrer Piquet und Moreno auf die Ränge 3 und 4.

Daß Formel 1 aber viel mehr ist, als bloß schnell Auto zu fahren, zeigten die Tage nach Spa. Während sich Michael darauf freute,

STRESS HINTER DEN KULISSEN

mit der Jordan-Truppe in Monza sein zweites Formel-1-Rennen in Angriff zu nehmen, kam es hinter den Kulissen zu einer gewaltigen Rangelei. Jochen Neerpasch beschreibt auf den Seiten 72 bis 75 ausführlich die Dramatik des

Kurz nach ihrem Gruppe-C-Sieg in Autopolis treffe

„Tauschobjekt“ Moreno

ch Schumacher und Wendlinger beim Japan-GP

Nachdenklich: Schumacher und Briatore

In Monza landet Schumacher auf dem 5. Platz

Kennen sich aus der F 3: Mika und Michael

Konzentration vor dem Trainingseinsatz

Monza: Piquet fährt seinen 200. Grand Prix

Stallwechsels. Michael erzählte mir: „Ich fühle mich bei Jordan wohl. Das sind nette Leute. Ich hoffe, daß man sich einigt.“

Ich weiß, wie sehr es ihn verblüffte, als Tage später in Monza jemand an die Tür seines Hotelzimmers klopfte. Es war morgens gegen vier. Flavio Briatore umarmte den schlaftrunkenen Rennfahrer: „Michael, du bist unser Fahrer. Ab sofort.“ Die Cockpits waren getauscht worden: Michael sollte den Benetton von Roberto Moreno übernehmen. Und Moreno fuhr, mit einem Scheck von Benetton getröstet, das nächste Rennen im Jordan.

Die Anwälte hatten ihre Arbeit getan, jetzt hatten die Nerven und Zehenspitzen der Fahrer das Wort. Michael hatte einen Teamkollegen von Rang: Nelson Piquet war dreifacher Weltmeister. Auch 1991 hatte er in Kanada schon einen Sieg für Benetton eingefahren.

Dieser Superstar, für den Benetton viel Geld bezahlt hatte, stand auf verlorenem Posten. In keiner der vier Trainingssitzungen von Monza konnte er Michaels Zeiten unterbieten. So startete Michael von Platz 7, Nelson von Position 8. Für Piquet war es ein besonderes Rennen: Das 200. seiner eindrucksvollen Formel-1-Karriere.

Daß die Feier bei Benetton in etwas gedämpfter Stimmung verlief, lag an Michael. Der hatte nämlich in seinem zweiten Formel-1-Lauf als Fünfter die Ziellinie gekreuzt und gleich zwei WM-Punkte kassiert. Nelson kam eine Position später ins Ziel. Sowas kann einen dreifachen Weltmeister einfach nicht fröhlich stimmen.

Bei den nächsten Rennen, den Großen Preisen von Portugal und Spanien, sprangen für Michael bei-

„Rookie" Michael Schumacher sitzt beim tradition

Das letzte Rennen in Australien wird zur Regenschlacht. Nach nur 14 Runden folgt der Abbruch

son-Abschlußfoto zwischen zwei alten Hasen der Formel 1, Michele Alboreto (l) und Pierluigi Martini

de Male sechste Plätze heraus – und damit jedesmal ein Punkt. Was für Michaels Formel-1-Zukunft aber wichtiger war: Er konnte sich immer vor dem berühmten Team-Kollegen Nelson qualifizieren. Was die teaminterne Auseinandersetzung angeht, also der Kampf mit dem Teamgefährten, so sind die Trainingsergebnisse fast wichtiger als die tatsächlichen Rennergebnisse. Logisch: Im Rennen kann sehr viel passieren, was außerhalb des Einflußbereiches eines Fahrers liegt, somit auch nicht in den Bereich des Talents fällt. Im Training kommt es in erster Linie nur auf den Piloten an, auf seinen Mut und das Können, einen Wagen abzustimmen.

Japan, den vorletzten Lauf, wird Michael so schnell nicht vergessen.

PIQUETS AUTO ZERLEGT

Er mußte während der Qualifikation auf Piquets Wagen umsteigen und vergaß in der ultraschnellen Linkskurve, daß das Geschoß anders abgestimmt war, als sein eigener Wagen. Bei 300 km/h zerlegte er das Auto – und klagte danach lange über Schmerzen im Rücken.

Er fuhr das Rennen im Ersatzwagen. Der rollte in der 32. Runde mit defektem Motor aus, Michael kam zum erstenmal nach drei Rennen nicht in die Punkteränge. Er hielt, wie er mir später sagte, den Unfall für eine „gute Lektion“: „Schnell ja. Aber nicht mit der Brechstange.“

Australien, das letzte Rennen der Saison. Nelson Piquet und Michael Schumacher in der dritten Startreihe. Aber: Nelson stand auf Platz 5, Michael auf Platz 6. Bis zum Gewinn des Weltmeistertitels 1994 hat niemals wieder ein Teamkollege Michael im Qualifying abgehängt.

Der Große Preis von Australien war eine Katastrophe. Längst stand Ayrton Senna als Weltmeister fest. Im prasselnden Regen wurde gestartet, überraschenderweise ging das Feld auch ohne Ausfälle auf die Reise. Hinter dem führenden Senna, hinter Mansell und Berger kämpften die beiden Benetton-Fahrer um Platz 4. Die sechste Runde wurde ihr Schicksal: Auf der Brabham-Geraden drehte sich Piquet. Schumacher wollte vorbei, wurde von Alesi gerammt.

Eine Viertelstunde später wurde das Rennen in Runde 15 abgewunken. Es war zu einer Wasserschlacht geraten. Der Große Preis von Australien 1991 ging als bislang kürzester Grand Prix in die Geschichte ein.

Es war in jeder Beziehung ein besonderes Jahr.

Wo bitte, geht's zur Strecke?

Da war ich auf dem Weg nach Spa-Francorchamps, um meinen ersten Grand Prix zu fahren – und hatte nur ungenaue Vorstellungen von dem Traditionskurs, der so nahe bei Kerpen liegt. Überhaupt keine Vorstellung hatte ich davon, wie ich zur Rennstrecke finde. Kurz hinter der Grenze verließen mich meine Orientierungskünste. Ich mußte anhalten, eine Telefonzelle suchen und mir erklären lassen, wie ich zur Rennstrecke gelange.

Gott sei Dank, auch ohne große Streckenkenntnisse ist mir die Premiere gelungen. Mein siebter Startplatz schlug wie eine Bombe ein. Vor mir standen nur noch Senna, Prost, Mansell, Berger, Alesi und Piquet. Also die big stars der Szene.

Ich hatte – und habe – durchaus Respekt vor den großen Namen. Aber der Respekt bezieht sich mehr auf Bereiche außerhalb der Strecke. Wie die Starpiloten mit einem Team umgehen, oder auch mit den Medien, oder wie sie Sponsoren überzeugen. Was das reine Fahren angeht, so sind sie sicherlich absolute Spitze. Aber sie kochen auch nur mit Wasser.

Daß ich in der Formel 1 nicht ganz fehl am Platze sein konnte, zeigten auch die folgenden Rennen. Ein fünfter Platz in Italien, dann noch zwei sechste Plätze in Portugal und Spanien waren für einen Anfänger kein schlechtes Ergebnis.

Die Formel 1 war ganz aus dem Häuschen. Keiner in dem Zirkus konnte glauben, daß sich ein Newcomer einfach ins Auto setzt und richtig Gas geben kann. So sehr mir die Überra-

Der Aufsteiger des Jahres mit seinem Team in Adelaide. Piquet beendet seine glanzvolle Karriere

schung dieser Fachleute gefiel, so sehr mußte ich mich aber auch darüber wundern. Denn diese Überraschung war auch ein Beleg dafür, wie abgeschottet und selbstbezogen die Formel 1 ist. Würden die Formel-1-Macher, egal ob Teamchefs, Sponsoren oder Medien, auch mal über den Tellerrand geblickt haben, so hätten sie sehen müssen, welch unglaubliches Ausbildungsprogramm Sauber-Mercedes gestartet hatte, um Karl Wendlinger, Heinz-Harald Frentzen und mich Formel-1-fit zu machen.

Bevor wir in das grelle Licht der Formel 1 fuhren, hatten wir schon tausende Kilometer Rennerfahrung mit Gruppe-C-Boliden, die auch ihre 650 PS hatten, oder noch mehr.

Die Sauber-Mercedes-Schule hat mir nur eines kaum beigebracht: Es fehlte eine Lektion über die Haken und Ösen, die in der Formel 1 überall angebracht sind. Aber die Vertragsentwürfe von Eddie Jordan und der daraus resultierende Blitz-Wechsel von Jordan zu Benetton waren sicher ein hervorragender Intensivkurs. So habe ich 1991 sehr schnell gelernt, was bis heute gültig bleiben sollte: Die Formel 1 ist unter vielen Gesichtspunkten wirklich etwas ganz Besonderes...

Ergebnisse 1991

10.3., USA (Phoenix)
Pole: Senna (BR), McLaren-Honda
1. Senna (BR), McLaren-Honda
2. Prost (F), Ferrari
3. Piquet (BR),Benetton-Ford

24.3., Brasilien (Interlagos)
Pole: Senna (BR), McLaren-Honda
1. Senna (BR), McLaren-Honda
2. Patrese (I), Williams-Renault
3. Berger (A), McLaren-Honda

28.4., San Marino (Imola)
Pole: Senna (BR), McLaren-Honda
1. Senna (BR), McLaren-Honda
2. Berger (A), McLaren-Honda
3. Lehto (SF), Dallara-Judd

12.5., Monaco (Monte Carlo)
Pole: Senna (BR), McLaren-Honda
1. Senna (BR), McLaren-Honda
2. Mansell (GB), Williams-Renault
3. Alesi (F), Ferrari

2.6., Kanada (Montreal)
Pole: Patrese (I), Williams-Renault
1. Piquet (BR), Benetton-Ford
2. Modena (I), Tyrrell-Honda
3. Patrese (I), Williams-Renault

16.6., Mexiko (Mexiko-City)
Pole: Patrese (I), Williams-Renault
1. Patrese (I), Williams-Renault
2. Mansell (GB), Williams-Renault
3. Senna (BR), McLaren-Honda

7.7., Frankreich (Magny-Cours)
Pole: Patrese (I), Wiliams-Renault
1. Mansell (GB), Williams-Renault
2. Prost (F), Ferrari
3. Senna (BR), McLaren-Honda

14.7., England (Silverstone)
Pole: Mansell (GB), Williams-Renault
1. Mansell (GB), Williams-Renault
2. Berger (A), McLaren-Honda
3. Prost (F), Ferrari

28.7., Deutschland (Hockenheimring)
Pole: Mansell (GB), Williams-Renault
1. Mansell (GB), Williams-Renault
2. Patrese (I), Williams-Renault
3. Alesi (F), Ferrari

11.8., Ungarn (Mogyorod)
Pole: Senna (BR), McLaren-Honda
1. Senna (BR), McLaren-Honda
2. Mansell (GB), Williams-Renault
3. Patrese (I), Williams-Renault

25.8., Belgien (Spa-Francorchamps)
Pole: Senna (BR), McLaren-Honda
1. Senna (BR), McLaren-Honda
2. Berger (A), McLaren-Honda
3. Piquet (BR), Benetton-Ford
Schumacher (D): Ausfall, 1. Runde

8.9., Italien (Monza)
Pole: Senna (BR), McLaren-Honda
1. Mansell (GB), Williams-Renault
2. Senna (BR), McLaren-Honda
3. Prost (F), Ferrari
5. Schumacher (D), Benetton-Ford

22.9., Portugal (Estoril)
Pole: Patrese (I), Williams-Renault
1. Patrese (I), Williams-Renault
2. Senna (BR), McLaren-Honda
3. Alesi (F), Ferrari
6. Schumacher (D), Benetton-Ford

29.9., Spanien (Granollers)
Pole: Berger (A), McLaren-Honda
1. Mansell (GB), Williams-Renault
2. Prost (F), Ferrari
3. Patrese (I), Williams-Renault
6. Schumacher (D), Benetton-Ford

20.10., Japan (Suzuka)
Pole: Berger (A), McLaren-Honda
1. Berger (A), McLaren-Honda
2. Senna (BR), McLaren-Honda
3. Patrese (I), Williams-Renault
Schumacher (D): Ausfall, 35.Runde

3.11., Australien (Adelaide)
Pole: Senna (BR), McLaren-Honda
1. Senna (BR), McLaren-Honda
2. Mansell (GB), Williams-Renault
3. Berger (A), McLaren-Honda
Schumacher (D), Unfall, 6.Runde

Fahrer-WM

1.	A. Senna (BR), McLaren-Honda	96
2.	N. Mansell (GB), Williams-Renault	72
3.	R. Patrese (I), Williams-Renault	53
4.	G. Berger (A), McLaren-Honda	43
5.	A. Prost (F), Ferrari	34
6.	N. Piquet (BR), Benetton-Ford	26,5
7.	J. Alesi (F), Ferrari	21
8.	S. Modena (I), Tyrrell-Honda	10
9.	A. de Cesaris (I), Jordan-Ford	9
10.	R. Moreno (BR), Minardi-Ferrari	8
11.	P. Martini (I), Minardi-Ferrari	6
12.	JJ Lehto (SF), Dallara-Judd	4
	B. Gachot (B), Jordan-Hart	4
	M. Schumacher (D), Benetton-Ford	4
15.	M. Häkkinen (SF), Lotus-Judd	2
	M. Brundle (GB), Brabham-Yamaha	2
	S. Nakajima, (J), Tyrrell-Honda	2
18.	J. Bailey (GB), Lotus-Judd	1
	E. Bernard (F), Lola-Ford	1
	I. Capelli (I), Leyton-House-Ilmor	1
	A. Suzuki (J), Lola-Ford	1
	E. Pirro (I), Dallara-Judd	1
	M. Blundell (GB), Brabham-Yamaha	1
24.	G. Morbidelli (I), Ferrari	0,5

Konstrukteurs-WM

1. McLaren-Honda (139), 2. Williams-Renault (125), Ferrari (55,5), 3. Benetton-Ford (38,5), 4. Jordan-Ford (13), 5. Tyrrell-Honda (12), 6. Minardi-Ferrari (6), 7. Dallara-Judd (5), 8. Lotus-Judd (3), Brabham-Yamaha (3), 10. Lola-Ford (2), Leyton House-Ilmor (1)

Benetton-Ford B191B. 3,5 Liter V8, ca. 670 PS

1992 Sieg Nr. 1

Martin Brundle

Engländer, geb. 01.06.1959

Formel 1 seit 1984 für Tyrrell, Zakspeed, Williams, Brabham

Bis Saisonbeginn 1992
83 GP-Einsätze, 16 WM-Punkte

Funkenflug: Mika Häkkinen (l), Michael Schumacher (M) und Jean Alesi schenken sich nichts. Zu Beg

WILLY KNUPP

Angriff auf die Spitze

Die Saison 1992 begann für Michael hochdramatisch. Es gab gewaltigen Ärger um einen Vertrag. Die deutschen Motorsportfans aber freuten sich: Michael holte einen Pokal nach dem anderen. Zum Schluß der Saison griff er sogar nach der Krone des Vize-Weltmeisters.

Rennen sind die Tanks noch voll. Die Boliden setzen hin und wieder auf und lassen Funken fliegen

Die hochgezogene Nase des Benetton B192: Auffallend und effektiv. Der Abtrieb wird verstärkt

Es war ein problematischer Einstieg gewesen. Aber jetzt, zu Beginn der Saison 1992, schien endlich alles geregelt. Michael hatte seinen Platz bei Benetton bis 1995. Die Verträge waren unter Dach und Fach, und wir von RTL freuten uns auf eine komplette Saison mit Michael Schumacher in einem guten Team. Jetzt mußte nur noch gefahren werden.

Genau das stand auf dem Programm, als das Benetton-Team für Anfang Februar Testfahrten im südfranzösischen Le Castellet ansetzte. Doch als Michael am 4. Februar in Frankfurt in die kleine Turbo-Prop-Maschine der Air France mit Zielort Marseille einstieg, ahnte er

Angespannt: Tom Walkinshaw, Flavio Briatore

bereits, daß neue Schwierigkeiten auf ihn zukommen würden.

In dürren Worten schrieben sowohl der Sportinformationsdienst

SAUBER WILL MICHAEL

als auch die Deutsche Presseagentur am 5. Februar 1992: „Das Schweizer Sauber-Team hat mitgeteilt, daß es ab 1993 in die Formel 1 gehen wird. Als Fahrer werden Karl Wendlinger und Michael Schumacher genannt."

Ein Hammer. Jeder, der diese Tickernachricht in den Händen hielt, wußte, was sie bedeutete. Das war eine Kriegserklärung von Sauber an das Benetton-Team.

Und in der Tat: Benettons neuer Miteigner Tom Walkinshaw reagierte sofort. Er schickte Michael noch am selben Tag nach Deutschland zurück. Die meisten Journalisten, die ursprünglich Michaels Testfahrten in Le Castellet beobachten wollten, wußten an diesem frühen Morgen noch gar nicht, was sich zwischen Sauber und Benetton gerade abspielte. Sie schauten mächtig überrascht: Weit und breit kein Michael. Nur sein Benetton mit der Startnummer 19 stand in der Box. Allerdings war der Namenszug frisch entfernt worden. Keiner vom Benetton-Team sagte irgendetwas, die ganze Szene war gespenstisch.

Auch am nächsten Tag tauchte Michael nicht auf. Nur seine besten Freunde wußten, wo er war. Er hatte sich dahin geflüchtet, wo ihn gerade in dieser Situation die wenigsten vermuteten: Nach Kerpen, zur Familie.

Mexiko: Erstmals auf dem Siegerpodest – mit Mansell und Patrese

Was er mir von dort aus erzählte, war der reine Galgenhumor: „Ich habe mit Sauber einen Basisvertrag über die Gruppe C. Als ich 1991 in die Formel 1 ging, gab es einen Zusatzvertrag. Der erlaubt

NUR NOCH KEIN EHEVERTRAG

mir, solange Formel 1 für andere Teams zu fahren, bis Sauber-Mercedes selbst in die Formel 1 geht und mich einsetzen will. Und dann habe ich noch einen Vertrag mit Benetton bis 1995, aus dem ich 'raus kann, wenn Mercedes mich ruft. Verträge also reichlich. Das einzige, was ich zur Zeit nicht habe, ist ein Ehevertrag."

Die Aufregung war riesig: Sauber forderte sein Recht für 1993, Benetton drohte, Michael sofort aus dem Team zu schmeißen. Und der arme Junge stand mittendrin.

Glücklicherweise hatten dann Sauber und Mercedes ein Einsehen. Peter Sauber sagte: „Wir haben zwar unseren Vertrag. Aber wir wollen nicht, daß Michael in dieser Saison auf der Straße steht." Damit war seinem hoffnungsvollen Schüler am wenigsten gedient. Hinter den Kulissen wurde zudem bereits gemunkelt, daß im Mercedes-Vorstand die Formel-1-Fans nicht mehr in der Mehrheit waren.

Michael konnte also am 1. März 1992 im Benetton Platz nehmen. Die Rennsaison startete nach langen Jahren des Boykotts im südafrikanischen Kyalami. Wieder bat mich Michael mit ihm gemeinsam die Strecke abzurandeln. Er schaute sich jede Bodenwelle, jede Rille an. Ich fragte ihn: „Viele Rennfahrer haben eine Strecke wie ein Computerbild im Kopf. Die könnten mit geschlossenen Augen fahren. Gehörst du dazu?"

Er lachte: „Was nutzt das ganze Computerbild,

WILLIAMS FAST UNSCHLAGBAR

wenn plötzlich ein Wagen quersteht? Ich reagiere auf Situationen, nicht auf Schablonen."

Michael machte gleich klar, daß er in seiner ersten vollen Saison vorne mitreden würde. Er landete auf Platz vier, knapp hinter Ayrton Senna. Die beiden ersten Plätze machten Nigel Mansell und Riccardo Patrese klar, die mit den elektronisch aufgerüsteten Williams als fast unschlagbar galten.

Michaels erster Pokal in seiner F1-Laufbahn

Schon beim zweiten Lauf, dem Großen Preis von Mexiko, stand Michael mit ihnen auf dem Treppchen. Seine Augen schimmerten feucht, als er den ersten Pokal seiner Formel-1-Karriere in Händen hielt und sich in der Fahrerwertung auf Rang 3 vorgeschoben hatte.

Mit frisch gestärktem Selbstbewußtsein machte sich Michael nach Brasilien auf, wo er dann seinerseits, nach dem Rennen, für jede Menge Wirbel sorgte. Michael war wieder Dritter geworden, erneut hinter Mansell und Patrese – doch im Unterschied zu Mexiko diesmal stinksauer. In der Pressekonferenz machte er seinem Ärger Luft: „Ich weiß nicht, welches Spiel das war, das Senna mit mir gespielt hat. Ich weiß nur, daß es eines Weltmeisters nicht würdig ist."

Das war natürlich starker Tobak: Das brasilianische Idol Ayrton Senna in seinem Heimatland vor der gesamten heimischen Presse zu attackieren. Zumal es gar nicht Michaels Stil ist, so aggressiv an die Öffentlichkeit zu gehen.

Was war vorgefallen? Über viele Runden lag Michael direkt hinter dem McLaren-Piloten, der ohne ersichtlichen Grund in den Kurven plötzlich mal stark verlangsamte, plötzlich kräftig Gas gab und wieder langsamer wurde. Michael erschien das als Provokation, alles nur, um ihn aus seinem

ZÜNDSCHNUR GELEGT

Rhythmus zu bringen. Deshalb die harsche Anklage. Senna erfuhr erst später von dem Eklat und erklärte alles mit Motoraussetzern. Das aber mochte Michael einfach nicht glauben.

Die Zündschnur war gelegt und wurde beim Großen Preis in Magny-Cours um ein gutes Stück verkürzt: In der ersten Runde, in der Adelaide-Haarnadel, kollidierte Michael mit dem Brasilianer. Senna war out, Michael konnte nach einem Boxenstopp weiterfahren. Wenig später redete Senna mit erhobenem Zeigefinger auf den Jungen ein. Mir war klar, daß zwischen den beiden das letzte Wort noch nicht gesprochen war.

1992 gab es vor dem Großen Preis von Deutschland ein paar separate Testtage. Nun sollte es zum endgültigen Eklat kommen. Michael bekam

Michaels Benetton aus der Vogelperspektive

Nachdenklich: Michael und Freundin Corinna

Schumacher-Fans beim GP in Hockenheim

Schumacher macht Senna das Leben schwer

auf der Strecke irgendeine Aktion Sennas in den falschen Hals. Er ließ sich zu einem Revanchefoul hinreißen, indem er mit Senna eine kleine Bremsprobe veranstaltete. Normalerweise ist das in Formel-1-Kreisen ein beliebtes Mittel der arrivierten Stars, um Neuzugängen schnell und wirkungsvoll zu zeigen, wer der Chef ist. Schon aus diesem Grund konnte Senna mit der Aktion rein gar nichts anfangen.

Beide kamen gleichzeitig an die Box, Senna sprang aus dem Wagen, stürmte Richtung Benetton-Box und packte Michael am Kragen. Das ganze unter den Augen von Fotografen, die sich natürlich nicht bitten ließen. Glücklicherweise waren Mechaniker hinterhergelaufen und trennten die beiden Streithähne sofort.

Gruppenfoto beim GP Mo
Fittipaldi, McCarthy, Leht
van de Poele, Moreno, La

Auch wenn Michael betont cool tat – „Senna wollte mir doch nur den Nacken massieren.“ – war allen klar, daß es so nicht weitergehen konnte.

Klar, jeder Jungstar, der ein bißchen was auf sich hält, wird sich mit den arrivierten Stars messen wollen. Und Michael hatte ja schon immer gesagt, wie sehr ihm dieser

UNGLEICHE BEZAHLUNG

Senna bereits als Kartfahrer imponiert hatte. Sennas Verhalten war ebenfalls nachvollziehbar. Denn kein Star sieht gerne zu, wie da ein Nobody in seinen Vorgarten reinspaziert und sich einfach breitmacht.

Vielleicht spielte bei Michael auch die unterschiedliche Bezahlung eine Rolle.

Dicke Luft: Weltmeister Senna erklärt Schumacher, wo es langgeht

en: Berger, Senna, Mansell, Wendlinger, Hill, Katayama, Chiesa, Tarquini. Mitte: Gachot, Häkkinen, aris, Comas, Capelli, Gugelmin, Grouillard, Patrese. Unten: Alesi, Herbert, Schumacher, Belmondo, delli, Boutsen, Alboreto, Modena, Brundle. Die einzige Dame, Giovanna Amati, ist nicht mehr dabei

Er war nie einer, der gerne über Geld sprach. Bis heute ist er der Meinung, daß dieses Thema nicht an die Öffentlichkeit gehört. Schon damals meinte ich, daß das Gehalt eines Rennfahrer vor allem zeigt, welchen Stellenwert der Pilot im komplexen System Formel 1 hat. Michaels Verdienst mußte in diesem Rahmen unter verschiedenen Aspekten betrachtet werden.

Was verdiente Michael 1992? Der Rising-Star der Formel 1 erhielt 300.000 Mark Basis-Gehalt, rund 7.500 Mark pro eingefahrenen Weltmeisterschaftspunkt und noch einmal 23.000 Mark fürs Treppchen. Für dieses Geld wäre ein Senna oder ein Mansell am Rennsonntag noch nicht einmal aus dem Bett geklettert, geschweige denn, ein ganzes Jahr Formel 1 gefahren. So gesehen, war Michaels Gehalt ein Witz.

Und doch konnte man die Rechnung auch ganz anders aufmachen. Eine Rechnung, die Michael ganz schnell in die Reihe der Dollar-Millionäre rückte. Erinnern wir uns: Als Michael 1991 sein erstes Rennen für Jordan fuhr, wurden 450.000 Mark von Sauber und Mercedes bezahlt. Ein Betrag, der für alle weiteren Rennen von Jordan in Rechnung gestellt werden sollte, und der durchaus branchenüblich war. Jordan war ein Team mit einem mehr als passablen Auto, und Michael war für die Formel 1 ein Nobody. Was das bei 16 Rennen bedeutet, ist schnell errechnet: 7,2 Millionen Mark hätte Mercedes aufbringen müssen, um Michael ein ganzes Jahr bei Jordan fahren zu lassen.

Bei Benetton sah das nun anders aus. Michael mußte nicht nur kein Geld mitbringen, er bekam sogar welches. So gesehen konnte er wirklich zufrieden sein. „Bin ich auch", bestätigte er mir.

Und die Ergebnisse 1992 sprachen ja auch für Michael und sein Konto. Insgesamt 53 Punkte und in Mexiko, Brasilien, Spanien, Kanada, Deutschland und Australien auf dem Treppchen.

Und in Spa – dort sogar ganz oben. Ich bekam mit, wie er seiner Corinna bereits am Sonntagmorgen ahnungsvoll zuraunte, „Das heute könnte mein Rennen werden."

Eines hat mich an Michael immer schon fasziniert: Daß zu seinem unbestreitbaren Talent auch immer eine Portion Glück dazukam. Wie viele Fahrer kenne ich, die wirklich fahren können, aber stets im falschen Auto sitzen. Und wenn sie dann mal ein Angebot von einem guten Team bekommen, dann fehlt plötzlich das Geld. Und wenn doch alles stimmt, und sie um eine gute Plazierung fahren könnten, dann streikt plötzlich die Technik. Es gibt Fahrer, die haben nur Pech und es gibt Fahrer, die spazieren ständig auf der Sonnenseite.

IMMER EINE PORTION GLÜCK

Und das selbst dann, wenn es regnet, wie an diesem 26. Juli 1992 in Spa-Francorchamps. Bis zur 30. Runde lag Michael

Überschäumende Freude nach Michaels erstem S

vio Briatore ist fassungslos, Michael genießt die Gewißheit, heute in Spa der Beste gewesen zu sein

Heckansicht: So erleben viele erfahrene Kollegen Schumacher in seiner ersten vollen F1-Saison

Corinna macht Jagd auf Michael

Der erfolgreichste Formel-1-Motor treibt den Benetton an

hinter Mansell und Patrese und vor seinem Teamgefährten Martin Brundle. Was dann passierte, halte ich für ganz typisch bei Michael. Damit meine ich nicht den Fehler, den er in dieser Runde beging. Wohl aber die Art und Weise, wie er die Übersicht behielt und einen vermeintlichen Nachteil sogar noch in einen Vorteil ummünzen konnte. In jener 30. Runde wurde Michael von Martin stark unter Druck gesetzt und durch eigene Schuld in einer Kurve so weit rausgetragen, daß sein Teamkollege innen vorbeiziehen konnte. Michael hatte alle Hände voll zu tun, um auf die Strecke zurückzukommen ohne irgendwo anzuschlagen.

Dumm gelaufen, sollte man meinen. Doch was machte Michael in dieser entscheidenden Situation: „In dem Augenblick, in

REIFEN ZOGEN BLASEN

dem Martin an mir vorbeizog, sah ich seine Hinterreifen. Und die begannen schon, Blasen zu ziehen. Da wir eine fast gleiche Abstimmung fuhren, im Rennen gleich schnell unterwegs waren und unsere Reifen nahezu gleich alt waren, war mir sofort klar, daß meine Hinterreifen nicht viel beser aussehen konnten. Deswegen bin ich so schnell wie möglich an die Box gekommen, um mir einen neuen Satz zu holen."

Genau das ist es, was ich meine. So etwas unterscheidet die Besseren von den Guten. Der Reifenwechsel kam genau zum richtigen Zeitpunkt und verschaffte Michael exakt den Vorsprung, den er brauchte. Zum erstenmal

MILLIONEN-ANGEBOTE

in seiner Formel-1-Karriere stand er ganz oben auf dem Treppchen.

Es war der erste deutsche Grand-Prix-Sieg seit 1975, seit unser heutiger Kommentator Jochen Mass in Barcelona siegte.

Michaels Benetton-Ford stand noch warm im Parc fermé von Spa, da eskalierten die Gerüchte über ein Multi-Millionen-Dollar-Angebot von Marlboro und McLaren an den Kerpener. Hinzu kam das Gerücht, daß Ferrari schon seit einiger Zeit versuchte, den Shooting-Star für 1993 zu gewinnen.

Ganz sicher kann man sich nie sein. Aber ich glaubte Michael, als er sagte: „Ich sehe keinen Grund für einen Wechsel." Wobei er wahrscheinlich für 1993 auf eine ordentliche Gehaltsaufbesserung hoffte. Und da kamen die Gerüchte um die McLaren-Angebote gerade richtig…

Doch einerlei, wie dieser Poker auch ausgehen sollte, eines war endgültig klar. Der Junge aus Kerpen war mittlerweile aus der Formel 1 nicht mehr wegzudenken.

Für mich gab es noch einen ganz anderen Gradmesser, über die Punkte und seine Erfolge hinaus. Mir fiel auf, wie gut Michael seinen Teamkollegen Martin Brundle im Griff hatte. Brundle gehört für mich zu den am meisten unterschätzten Formel-1-Piloten. Immerhin kam auch er bei den letzten neun Läufen 1992 jedesmal in die Punkteränge. Keiner wehrte sich härter als der Brite, und dennoch zeigte Michael ihm fast jedesmal, wer die Nummer 1 im Team war.

Das Jahr 1992 endete mit einem wahrhaft furiosen Finale. Nigel Mansell stand als Weltmeister fest, als der Formel-1-Zirkus in Adelaide eintraf. Sein Teamkollege Riccardo Patrese hatte 56 Punkte, Ayrton Senna 50, Michael 47. Alle drei konnten Vizeweltmeister werden. Ein

Jean Alesi im Benetton-Sandwich. Die Gelben hängen Ferrari 1992 ab

Michaels engste Vertraute haben immer ein Auge auf den Superstar

Erster Heim-GP: Michael wird Dritter. Mansell feiert ihn, Senna grübelt

Das Jordan-Team gerät 1992 arg ins Schleudern, Ex-Jordan-Pilot Schumacher wird WM-Dritter

Teamkollegen Brundle und Schumacher: Michael ist immer schneller

Jubel: Michael hat Ron Dennis und dem McLaren-Team hart zugesetzt

Ausrutscher aber hätte Michael auf den fünften Rang zurückgeworfen.

Senna verabschiedete sich aus diesem Rennen nach einer Karambolage mit Mansell. Patrese blieb in der 51. Runde liegen.

BERGER WITTERT MORGENLUFT

Plötzlich schien für Michael die Vizemeisterschaft greifbar nahe. Dazu mußte er „nur" Gerhard Berger schlagen, der allerdings Morgenluft witterte und ebenfalls dem zweiten Sieg der Saison entgegenfieberte.

Immer wieder donnerten sich der Österreicher und der Deutsche die Bestzeiten um die Ohren. Aber immer wieder wurden durch Fahrer, die überrundet werden mußten, die Karten neu gemischt. Schließlich siegte Berger mit hauchdünnen 0,7 Sekunden vor Michael. Nach fast 30 Stunden Rennen verfehlte der rheinische Junge die Vizemeisterschaft um eine knappe Sekunde in der Jahresbilanz.

Aber allen war klar, die ganz große Zeit dieses Talents würde noch kommen.

Helm ab, Training beendet. Jetzt heißt es Daten auswerten, um das Auto optimal abzustimmen

MICHAEL SCHUMACHER:

Hurra, es war das richtige Team

Als ich mich im Sommer 1992 zum erstenmal als Grand-Prix-Pilot Richtung Hockenheimring aufmachte, hatte ich durchaus gemischte Gefühle. Zum einen wurde natürlich ein Traum wahr. Jeder Rennfahrer, der sich auf den langen Weg durch die Nachwuchsklassen begibt, träumt davon, einmal vor dem heimischen Publikum ein Formel-1-Rennen zu fahren.

Auf der anderen Seite graute mir vor den hochgesteckten Erwartungen der Fans. Ich wußte beim besten Willen nicht mehr, was ich denen entgegnen sollte. Ich weiß doch noch, was ich zu Beginn der Saison immer wieder gebetsmühlenartig geantwortet habe: „Ich will in erster Linie viel fahren, soviel Rennen wie möglich zu Ende bringen, dabei soviel Erfahrung wie möglich sammeln. Und wenn dabei noch Punkte rausspringen sollten, umso besser."

Das waren meine Worte. Und meine Ergebnisse vor Hockenheim mußten mich als notorischen Tiefstapler entlarven: Neun Rennen, siebenmal in den Punkten, viermal auf dem Treppchen, Dritter in der WM-Tabelle.

Als der Große Preis von Deutschland zu Ende war, stand ich schon wieder auf dem Treppchen und konnte meiner Emotionen nur mühsam Herr werden.

Doch ein Blick auf die Startaufstellung zu diesem Rennen war bestens geeignet, nicht größenwahnsinnig zu werden. Da stand nämlich ein Mauricio Gugelmin auf Platz 23 und ein Stefano Modena hatte sich gar nicht qualifizieren können. Was das mit mir zu tun hatte? Gugelmin und Modena waren die beiden Piloten des Jordan-Teams. Genau des Teams also, mit dem ich ziemlich genau vor einem Jahr mein Formel-1-Debüt gab. Der Jordan-Truppe schien damals die Zukunft zu gehören. Und alle sagten zu mir: „Michael, genau das richtige Team, um sich in der Formel 1 zu etablieren und einen guten Namen zu machen."

Doch knapp ein Jahr später sah alles anders aus. Jordan hatte einen kostenlosen Yamaha-Motor und nichts als Probleme. Nicht vorzustellen, ich wäre bei Jordan geblieben. Ich stände 1992, genau wie das Team, im Niemandsland. Weit und breit keine Punkte, vom Treppchen ganz zu schweigen. Beim Großen Preis von Deutschland hätte ich mich aller Voraussicht nach genausowenig qualifizieren können wie Modena. Das alles bei gleichem Einsatz, gleichem Risiko – und auch mein Talent wäre sicherlich bei Jordan nicht kleiner gewesen als jetzt bei Benetton. Nichts zeigt doch deutlicher, wie schmal der Grat zwischen Erfolg und Mißerfolg sein kann.

Als beim Großen Preis von Spanien unser neuer B192 erstmals eingesetzt wurde und direkt ein „frontrunner" wurde, wußte ich endgültig, daß ich beim richtigen Team war.

Michael Schumacher ist der Aufsteiger des Jahres 1992. Innerhalb kürzester Zeit etablierte sich der

Ergebnisse 1992

1.3., Südafrika (Kyalami)
Pole: Mansell (GB), Williams-Renault
1. Mansell (GB), Williams-Renault
2. Patrese (I), Williams-Renault
3. Senna (BR), McLaren-Honda
4. Schumacher (D), Benetton-Ford

22.3., Mexiko (Mexiko-City)
Pole: Mansell (GB), Williams-Renault
1. Mansell (GB), Williams-Renault
2. Patrese (I), Williams-Renault
3. Schumacher (D), Benetton-Ford

5.4., Brasilien (Sao Paulo)
Pole: Mansell (GB), Williams-Renault
1. Mansell (GB), Williams-Renault
2. Patrese (I), Williams-Renault
3. Schumacher (D), Benetton-Ford

3.5., Spanien (Barcelona)
Pole: Mansell (GB), Williams-Renault
1. Mansell (GB), Williams-Renault
2. Schumacher (D), Benetton-Ford
3. Alesi (F), Ferrari

17.5., San Marino (Imola)
Pole: Mansell (GB), Williams-Renault
1. Mansell (GB), Williams-Renault
2. Patrese (I), Williams-Renault
3. Senna (BR), McLaren-Honda
Schumacher: Unfall, 21. Runde

31.5., Monaco (Monte Carlo)
Pole: Mansell (GB), Williams-Renault
1. Senna (BR), McLaren-Honda
2. Mansell (GB), Williams-Renault
3. Patrese (I), Williams-Renault
4. Schumacher (D), Benetton-Ford

14.6., Kanada (Montreal)
Pole: Senna (BR), McLaren-Honda
1. Berger (A), McLaren-Honda
2. Schumacher (D), Benetton-Ford
3. Alesi (F), Ferrari

5.7., Frankreich (Magny-Cours)
Pole: Mansell (GB), Williams-Renault
1. Mansell (GB), Williams-Renault
2. Patrese (I), Williams-Renault
3. Brundle (GB), Benetton-Ford
Schumacher : Unfall, 18. Runde

12.7., England (Silverstone)
Pole: Mansell (GB), Williams-Renault
1. Mansell (GB), Williams-Renault
2. Patrese (I), Ferrari
3. Brundle (GB), Benetton-Ford
4. Schumacher (D), Benetton-Ford

26.7., Deutschland (Hockenheim)
Pole: Mansell (GB), Williams-Renault
1. Mansell (GB), Williams-Renault
2. Senna (BR), McLaren-Honda
3. Schumacher (D), Benetton-Ford

16.8., Ungarn (Budapest)
Pole: Patrese (I), Williams-Renault
1. Senna (BR), McLaren-Honda
2. Mansell (GB), Williams-Renault
3. Berger (A),McLaren-Honda
Schumacher: Heckflügel def., 64. Runde

30.8., Belgien (Spa)
Pole: Mansell (GB), Williams-Renault
1. Schumacher (D), Benetton-Ford
2. Mansell (GB), Williams-Renault
3. Patrese (I), Williams-Renault

13.9., Italien (Monza)
Pole: Mansell (GB), Williams-Renault
1. Senna (BR), McLaren-Honda
2. Brundle (GB), Benetton-Ford
3. Schumacher (D), Benetton-Ford

27.9., Portugal (Estoril)
Pole: Mansell (GB), Williams-Renault
1. Mansell (GB), Williams-Renault
2. Berger (A), McLaren-Honda
3. Senna (BR), McLaren-Honda
7. Schumacher (D), Benetton-Ford

25.10., Japan (Suzuka)
Pole: Mansell (GB), Williams-Renault
1. Patrese (I), Williams-Renault
2. Berger (A), McLaren-Honda
3. Brundle (GB), Benetton-Ford
Schumacher: Getriebe, 14. Runde

8.11., Australien (Adelaide)
Pole: Mansell (GB), Williams-Renault
1. Berger (A), McLaren-Honda
2. Schumacher (D), Benetton-Ford
3. Brundle (GB), Benetton-Ford

Fahrer-WM

1. Mansell (GB), Williams-Renault	108
2. Patrese (I), Williams-Renault	56
3. Schumacher (D), Benetton-Ford	53
4. Senna (BR), McLaren-Honda	50
5. Berger (A), McLaren-Honda	49
6. Brundle (GB), Benetton-Ford	38
7. Alesi (F), Ferrari	18
8. Häkkinen (SF), Lotus-Ford	11
9. de Cesaris (I), Tyrrell-Ilmor	8
10. Alboreto (I), Footwork-Mugen	6
11. Comas (F), Ligier-Renault	4
12. Wendlinger (A), March-Ilmor	3
Capelli (I), Ferrari	3
14. Boutsen (B), Ligier-Renault	2
Martini (I), Dallara-Ferrari	2
Herbert (GB), Lotus-Ford	2
17. Modena (I), Jordan-Yamaha	1
Gachot (B), Venturi-Lamborghini	1
Fittipaldi (BR), Minardi-Lamborghini	1

Konstrukteurs-WM

1. Williams-Renault (164), 2. McLaren-Honda (99), 3. Benetton-Ford (91), 4. Ferrari (21), 5. Lotus-Ford (13), 6. Tyrrell (8), 7. Ligier-Renault (6), Footwork-Mugen (6), 9. March-Ilmor (3), 10. Dallara-Ferrari (2), 11. Minardi-Lamborghini (1), Jordan-Yamaha (1), Venturi-Lamborghini (1)

junge Deutsche in der Spitzengruppe der Fahrer und beeindruckte viele seiner erfahrenen Kollegen

Riccardo Patrese

Italiener, geb. 17.04.1954

Formel 1 seit 1977 für Shadow, Arrows, Brabham, Alfa Romeo, Williams

Bis Saisonbeginn 1993 240 GP-Einsätze, 6 Siege, 261 Punkte

Saisonbilanz 1993

Michael Schumacher
1 Sieg, 52 Punkte,
Vierter der Fahrer-WM

Riccardo Patrese
20 Punkte,
Fünfter der Fahrer-WM

1993 Im Schatten

Benetton B193B. 3,5 Liter V8, über 700 PS

der Williams

WILLY KNUPP

Duell mit Senna

Auch 1993 war Williams das Favoriten-Team: Alain Prost und Damon Hill schienen unschlagbar. Michael Schumacher rechnete erneut mit dem dritten Platz. Aber dann zog ein frustrierter Ayrton Senna sämtliche Register seines Könnens.

Zumindest für Formel-1-Verhältnisse ist mein Arbeitsplatz bei RTL Television in Köln nur einen guten Steinwurf von Michaels Heimatstadt Kerpen-Manheim entfernt. Ab und zu, wenn es Michael nach Hause zieht und es seine Zeit zuläßt, schaut er auf einen Schwatz vorbei. Und Michael kommt häufiger nach Hause, als die meisten vermuten.

Das hat zwei Gründe: Erstens ist Michael ein ausgeprägter Familienmensch mit engster Bindung zu seinen Eltern und zu seinem Bruder Ralf. Und zweitens ist und bleibt Michael in der Tiefe seines Herzens ein Kartfahrer. Wo sollte er seiner Leidenschaft besser frönen können, als auf der heimatlichen Bahn, auf der er sich schon seit Jahren mit Ralf um die Bestzeit balgt.

Anfang des Jahres 1993 war es für Michael Ehrensache, am jährlich stattfindenden Winterpokal teilzunehmen. Er trainierte dafür sogar ausgiebig mit Gerd Noack, seinem früheren Förderer. Für dessen Kartteam war er gemeldet. Einige Konkurrenten, die unter der Hand von Michaels Testergebnissen hörten, sagten ihre Teilnahme spontan ab. Und erwartungsgemäß gewann Michael auch drei von vier Läufen. Er freute sich spitzbübisch.

Daß das Jahr größere Aufgaben mit sich bringen würde, als völlig losgelöst auf den schnellen Kartflit-

1993 der unbestrittene Titelfavorit: Alain Prost

Der Rivale ist gleichzeitig Vorbild: Ayrton Senna

Senna und Schumacher bekommen 1993 die gleic

-d-Motoren. Aber Michaels Motor ist stärker. Beim Saisonstart überrascht Senna alle – auch Prost (2)

Formel-1-Rennergebnisse von 1993 auf den Seiten 118 – 119

Wie immer versammeln sich die Fahrer vor dem ersten Start, diesmal im südafrikanischen Kyalami. V

zern seine Runden zu drehen, war Michael nur zu klar. Das öffentliche Interesse an seiner Person wurde immer erdrückender. Der Ausweg sollte Monaco sein.

Fast fluchtartig machte sich Michael Richtung Fürstentum auf, als ihm der Rummel in Deutschland zu heftig wurde. Völlig aufgelöst berichtete er mir von einem Sonntagmorgen: „Wir wurden in Kerpen aus dem Tiefschlaf gerissen. Jemand klingelte Sturm. Als ich zur Tür stürzte, standen draußen zwei fröhlich grinsende Fans. Sie wollten Autogramme. Am Sonntagmorgen um halb sechs.“

Glücklicherweise sind nicht alle Fans solche Frühaufsteher.

Der Umzug nach Monaco war deshalb die richtige Entscheidung: „Dort

VIELE STARS IN MONACO

können Corinna und ich völlig unerkannt leben. Es gibt so viele richtig große Stars in Monaco, da spielen wir wirklich keine große Rolle.“ Daß solch ein Umzug auch steuerlich durchaus positive Aspekte hat, ist nicht unbekannt und wird von Michael auch zugegeben.

Trotz des Umzugs wirkte Michael zu Beginn der Saison auf mich zunehmend genervter. Immer mehr Medien, Sponsoren und Geschäftspartner meldeten ihre Ansprüche an. Einmal murrte er: „Ich habe früher immer gedacht, Formel 1 sei viel fahren und dann erst Öffentlichkeitsarbeit. Heute weiß ich, daß es ganz viel PR ist und ein bißchen fahren.“

Aber dieses „bißchen fahren“ wurde ganz ernst genommen. Das Benetton-Team war fest entschlossen, auch noch den letzten Sprung bis ganz an die Spitze zu schaffen. Im englischen Enstone, dem Benetton-Headquarter in der Nähe von Silverstone,

Der Preis der Popularität:

en liegt eine Saison, in der die Elektronik dominiert

nalisten verfolgen Michael auf Schritt und Tritt

hatten die Verantwortlichen einen ebenso imposanten wie architektonisch interessanten Komplex auf die grüne Wiese gesetzt. Die Konstrukteurs-Crew

ALLES UNTER EINEM DACH

um Ross Brawn und Rory Byrne hatte nun endlich alles unter einem Dach, um in die Vollen gehen zu können. Michael, der ja immerhin aus seiner Sauber-Mercedes-Zeit einiges an perfekter Infrastruktur gewohnt war, war hellauf begeistert von der neuen Benetton-Basis. Er ließ es sich nicht nehmen, Besucher durch die Fabrik zu führen.

Der Zwist mit Peter Sauber war beigelegt. Zwar kam der Schweizer mit einem eigenen Formel-1-Team zum Saison-Start nach Kyalami, Südafrika. Aber Mercedes hatte sich nur zu einem Schriftzug an der Karosserie bequemen können: „concept bei Mercedes". Michael hätte laut Vertrag Benetton nur verlassen müssen, wenn Mercedes hochoffiziell in die Formel 1 eingestiegen wäre. Peter Sauber engagierte Karl Wendlinger, Michaels Kumpel aus Gruppe-C-Zeiten, und den fröhlichen Finnen JJ Lehto. Dem neuen Team galt die Aufmerksamkeit der Szene. Eine Konkurrenz für die etablierten Teams konnten die Neulinge mit dem Ilmor-V10 nicht sein.

Michael und die gesamte Benetton-Truppe strotzten vor Selbstvertrauen. Als WM-Dritter waren sie in die Vorsaison-Tests gegangen. Und die liefen hervorragend. Im Benetton-Team machte sich Euphorie breit. Sogar Michael, der sonst immer sehr zurückhaltend ist, ließ sich anstecken. Am Ende

ZU HOHE ERWARTUNGEN

der Saison mußte er selber zugeben, daß er „die Saison mit einer zu hohen Erwartungshaltung begonnen hat."

Umso stärker war die Enttäuschung nach dem ersten Rennen, dem Großen Preis von Südafrika. Michael ging mit einer Motivation zur Sache, die schon etwas Beängstigendes hatte. Die Startaufstellung war aber ernüchternd. Sein dritter Platz entsprach zwar ziemlich genau dem, was er sich von Anfang an ausgerechnet hatte. Doch dachte er

Werbeslogan: Die Fans wissen, was gut ist

bis dahin, er würde hinter den beiden Williams und vor dem Rest der Welt stehen. Stattdessen hatte sich aber McLaren-Pilot Ayrton Senna vor ihm auf den zweiten Platz geschoben, und das mit schmerzhaften 1,5 Sekunden Vorsprung. Damit hatte Michael nicht gerechnet.

Wer am Samstagnachmittag in Kyalami im Fahrerlager war, konnte in Michaels Gesicht eine Mischung aus Bestürzung, Überraschung und Trotz lesen. Sein Manager Willi

MIT DER BRECHSTANGE

Weber konnte gleiche Regungen nur mühsam hinter seinem Vollbart verstecken.

Auf diese Gefühlslage ist sicher auch zurückzuführen, daß Michael in der 39. Runde einen Kardinalfehler machte. Er versuchte mit der Brechstange, an Senna vorbeizukommen. Dabei berührte sein Wagen Sennas Hinterrad und wurde von der Strecke katapultiert. Senna kam hinter dem hohen Favoriten Alain Prost im Williams-Renault als Zweiter ins Ziel.

Nachdem sich die erste Aufregung gelegt hatte,

Ende einer Dienstfahrt. Mit Gewalt will Schumacher an seinem Rivalen vorb

macht clever die Tür zu. Sennas Erfahrung siegt gegen das ungestüme Temperament von Michael

gab Michael kleinlaut zu: „Der Fehler geht ganz auf meine Kappe. Ich hätte besser ein bißchen gewartet, um Senna zu überholen."

Nach diesem ersten Rennen war jedem klar: Michaels großer Gegner 1993 war das McLaren-

SENNA OHNE VERTRAG

Team im allgemeinen und Ayrton Senna im besonderen. Von dessen Teamkollegen Michael Andretti, aus der IndyCar-Serie nach Europa geholt, ging wenig Gefahr aus. Er zertrümmerte zu Saisonbeginn einen Boliden nach dem anderen. Aber Senna! Der Brasilianer erklärte zwar in jedem Interview, daß er gar keinen Vertrag mit McLaren hätte. Aber er ließ sich von Rennen zu Rennen verpflichten, ehe er im Mai Teamchef Ron Dennis endlich einen Vertrag bis zum Jahresende abgehandelt hatte. Aber da war schon klar: Senna wollte unbedingt zu Williams wechseln.

Für Michael war Senna ein besonderer Gegner: In seinem Rücken röhrte 1993 der gleiche Motor wie im Benetton – der bewährte Ford V8. Nur zähneknirschend hatte Ron Dennis diesen Motor bestellt. Ihm blieb nichts anderes übrig: Das Spitzenteam McLaren, der erfolgreichste Formel-1-Rennstall der vergangenen zehn Jahre, stand Anfang Dezember 1992 ohne Motor da. Honda hatte sich aus der Formel 1 zurückgezogen. Verhandlungen mit Chrysler-Lamborghini hatten sich zerschlagen. Wollte Ron Dennis seine Autos nicht mit Tretpedalen ausrüsten, mußte er den Ford-Kundenmotor erwerben. Fast den gleichen wie Benetton – aber eben nur fast.

Benetton hatte seit Jahren zu Ford eine ganz enge Verbindung: Briatores Team machte für Ford die umfangreiche Testarbeit. Dafür bekam Benetton von Ford die Motoren kostenlos und – wichtiger noch – immer die beste Entwicklungsstufe. Alle anderen Teams, die Ford fuhren (1993 Lotus und Minardi), mußten für die Motoren zahlen und hat-

Schumi über alles

Schumacher hat ein Herz für durstige Seelen

Zeitenjagd: Gespannt verfolgt Schumacher Sennas Training. Er will vor dem Brasilianer landen

Immer an seiner Seite: Manager Willi Weber

Normal: Michael vor Ferrari und Teamkollege

ten zudem nur die zweitbeste Version im Heck.

Auch für 1993 war zwischen Benetton und Ford diese Vereinbarung getroffen wurden. Daß McLaren für den Motor zahlen mußte, war für das reiche, von Marlboro immer großzügig unterstützte Team kein Thema. Aber Dennis kam fast um bei dem Gedanken, daß er im Vergleich zu Benetton nur die zweite Wahl erhielt. Also setzten er und sein Star Ayrton Senna eine wahre Kesselschlacht in Gang. Tenor: Mit Benetton und Schumacher kann man zwar hin und wieder einen Sieg feiern, aber wenn Ford endlich mal wieder Weltmeister werden will, müssen sie schon auf McLaren setzen.

FEUER UNTERM DACH

Von da an war natürlich Feuer unterm Dach. Dies umsomehr, als die ersten beiden Ford-Siege (Brasilien und Donington) tatsächlich von McLaren und Senna und nicht von Benetton und Schumacher herausgefahren wurden. Langsam aber sicher schaukelten sich die Emotionen hoch.

Anfang Mai machte Benetton einen cleveren Lösungsvorschlag: „Benetton akzeptiert, daß McLaren die gleichen Motoren wie wir kriegen. Aber nur dann, wenn McLaren bei Ford einen Zwei-Jahresvertrag unterzeichnet.“ Mit anderen Worten: McLaren sollte nicht nur von Benettons Vorarbeit profitieren, sondern auch ihr Know-How in die neue Ehe mit einbringen.

Für Ron Dennis war das nicht akzeptabel. Jeder wußte, daß der McLaren-

Frank Williams ist von Michael beeindruckt. Doch der hat einen Vertrag bei Benetton bis 1995

Der Schein trügt. So harmonisch geht es bei Benetton nicht zu. Briatore will Mansell statt Patrese

Chef für 1994 einen neuen Exklusiv-Partner suchte. Er sagte ab, gab sich mit den Kaufmotoren zufrieden. Immerhin führte Senna beim 6. Lauf, dem Großen Preis von Monaco, die Tabelle an – vor Alain Prost und mit dreimal soviel Punkten wie Michael Schumacher (42:14).

So schlecht konnten die Kaufmotoren also nicht sein. Der Grund dafür, daß McLaren auch in der Konstrukteurs-Meisterschaft Benetton auf und davon zog, lag nicht beim Motor und nicht beim Fahrer. Der Grund war, daß elektronische Hilfsmittel dem Piloten immer stärker die Arbeit abnahmen. Aktives Fahrwerk, Traktionskontrolle, drive-by-wire-Gaspedal

ZAUBERWORT ELEKTRONIK

und Schaltautomatik hießen die Zauberwörter im Fahrerlager. Williams hatte die Entwicklung schon im vergangenen Jahr maßgeblich eingeleitet.

Folgerichtig trat auch Benetton 1993 mit einem aktiven Fahrwerk an. Gerne hätte Michaels Team auch von Anfang an eine Traktionskontrolle eingesetzt. Doch die wurde von Ford hergestellt – und das wiederum dauerte wesentlich länger, als es sich die Benetton-Leute gewünscht hatten. McLaren dagegen ließ die Elektronik vom hauseigenen Unternehmen TAG herstellen und konnte sie vom ersten Rennen an einsetzen.

Michael schimpfte öffentlich: „Als Ford-Werksteam müssen wir warten, bis Ford endlich die Traktionskontrolle fertig hat. McLaren hat sie. Und das macht unseren Vorteil bei den Motoren mehr als wett."

Wie viel die so dringend benötigte Traktionskontrolle tatsächlich ausmachte, zeigte der Große Preis von Monaco. Endlich konnte Michael diese Technik einsetzen und ging im Training sofort auf Zeitenjagd. Einmal mit eingeschalteter und einmal mit ausgeschalteter Traktionskontrolle: „Das macht tatsächlich 1,2 Sekunden aus, ich kann das Rennen kaum erwarten."

Zwar fiel Michael in Führung liegend mit Hydraulikschaden aus – seine gute Laune konnte das aber kaum trüben: „Das ganze Wochenende hat gezeigt, daß wir um ein gutes Stück besser geworden sind."

Doch Michael freute sich in Monaco nicht nur über die neue Technik. Es freute ihn ebenso, daß sein Teamgefährte immer noch Riccardo Patrese hieß. Mit ihm, dem erfahrensten Piloten der Formel 1, kam er von Anfang an gut aus. Aber es gab Spannungen zwischen dem lebenslusti-

KOLLEGEN-KILLER

gen Italiener, der für zwei Jahre verpflichtet wurde, und Flavio Briatore.

700 Pferde warten auf Schumachers Befehle

Beim Start in Monza qualmt es. Doch zum Glück verläuft die Saison 93 ohne große Turbulenzen

Briatore war mit dem Team der Meinung, daß Riccardos Leistungen zu wünschen übrigließen. Einmal mehr sollte sich zeigen, daß Michael ungewollt ein Kollegen-Killer war. Egal, wer mit ihm im Team fuhr – der Kollege sah immer alt aus. De Cesaris im Jordan wurde von Michael in seinem ersten Rennen gedemütigt. Dann folgte Piquet, der dreifache Weltmeister. Michael entzauberte ihn. Immerhin konnte Piquet wenigstens einmal eine schnellere Trainingszeit fahren als Michael. Das gelang danach keinem mehr. Martin Brundle wurde 1992 deutlich mit 53:38 Punkten geschlagen. Obwohl der Brite eine gute Leistung gezeigt hatte, fiel er im Vergleich zu Michael so stark ab, daß sich Benetton nach Saisonschluß von ihm trennte.

Riccardo Patrese konnte Michael noch viel weniger unter Druck setzen. Deshalb wurde von Benetton-Boß Briatore ernsthaft

BRIATORE WILL MANSELL

erwogen, Nigel Mansell ins Team zu holen. Der fuhr zwar erfolgreich in der IndyCar-Serie (und wurde Champion), aber nur, weil Alain Prost ihn aus der Formel 1 herausgetrickst hatte. Gerne wäre der Engländer, Weltmeister von 1992, zurückgekommen.

Schumi grüßt Schumi. Teamkollege Patrese kann nur neidvoll blicken

Michael war von Briatores Plänen nicht begeistert. Solche Praktiken gingen der ehrlichen Haut mächtig gegen den Strich. Klipp und klar äußerte er sich gegenüber dem Team-Präsidenten Alessandro Benetton: „Riccardo hat einen Zwei-Jahresvertrag. Wenn Benetton Patrese auswechselt, ist das ein Vertragsbruch. Und wenn so etwas erlaubt sein sollte, dann könnte auch ich einen Vertragsbruch für legitim halten. Zum Beispiel zum Ende der Saison…"

Im Team verstand man die Signale. Riccardo wurde nicht ausgewechselt. Vorerst nicht. Am Rande des Grand Prix von Deutschland wurde ein Gentleman-Agreement ausgehandelt: Riccardo verzichtet auf das zweite Vertrags-Jahr, dafür läßt man ihn in Würde die Saison zu Ende fahren.

Für Gesprächsstoff sorgte am Hockenheimring auch ein Brief des Benetton-Sponsors Camel.

Der Zigaretten-Multi kündigte den Rückzug vom Formel-1-Sport an. Eine Entscheidung, die Michael nicht nachvollziehen konnte: „Da pumpt Camel jahrelang Millonen in

CAMEL-RÜCKZUG

Teams wie Lotus, AGS und Tyrrell, ohne entsprechende Ergebnisse zu bekommen. Und dann ist Camel mit Williams und Benetton endlich da, wo sie immer sein wollten, und sie steigen aus. Die Logik muß mir mal einer erklären."

An Michaels Leistungen kann es nun wirklich nicht gelegen haben. Zur Mitte der Saison hatte er ein wahres Hoch. Bei den Großen Preisen von Kanada, Frankreich, England und Deutschland holte er mit einem dritten und drei zweiten Plätzen insgesamt 22 Punkte. Dann allerdings folgten in Ungarn und Italien zwei Ausfälle. Michael wollte unbedingt die Saison hinter den beiden Williams-Piloten Prost und Hill auf Platz drei beenden, also in der Endabrechnung sein Vorjahresergebnis erreichen. Dafür mußte er Senna schlagen.

Daß er die Chance hatte, zeigte sich beim Großen Preis von Portugal. Senna fiel aus, und Michael gewann zum zweitenmal ein Formel-1-Rennen. Er zog mit der deutschen Rennlegende Graf Berghe von Trips gleich. Der Sieg war doppelt befriedigend für Michael. Es war ihm gelungen, die beiden ansonsten so überlegenen Williams-Piloten Prost und Hill auf

Damon Hill gewinnt in Spa seinen zweiten Grand Prix. Während Schumach-

n den gutgekühlten Champagner in den Kragen gießt, erfreut sich Prost an der Mimik des Kollegen

die Plätze zu verweisen. Und er lag zwei Rennen vor Schluß nur einen winzigen Punkt hinter dem großen Rivalen Ayrton Senna.

Aber der hatte mehr Glück. Er gewann die beiden letzten Läufe vor Alain Prost, der längst als Weltmeister feststand. Er

FRENTZEN 1994 BEI SAUBER

schob sich sogar noch auf Platz 2 der WM-Liste vor, knapp vorbei am zweiten Williams-Piloten Damon Hill.

Michael fiel beide Male aus. In Japan touchierte er Damon Hill (Michael: „Klar mein Fehler."), in Australien streikte der Motor.

Bei allem Frust zum Saisonfinale gab es etwas, worüber sich Michael ehrlich freute: Daß sein alter Weggefährte Heinz-Harald Frentzen nun doch noch den Weg in die Formel 1 gefunden hatte und für 1994 beim schweizer Sauber-Team unterschrieben hatte. Michael war immer der Meinung, daß der Mönchengladbacher in die Formel 1 gehörte. Und er erkannte clever, daß ein zweiter deutscher Formel-1-Fahrer gut fürs Geschäft war. Endlich bekam der Formel-1-Sport in Deutschland eine breitere Basis.

Michael kommentierte fast hellseherisch: „Je mehr gute deutsche Formel-1-Fahrer es gibt, desto sicherer können deutsche Hersteller und Sponsoren in ihrer Langzeitplanung sein. Wenn sich noch Mercedes offiziell in der Formel 1 engagieren würde, dazu noch ein zweiter Grand Prix in Deutschland, dann dürfte die Formel 1 auf Jahre hinweg bei uns fest verankert sein. Schon bei der Vorstellung freue ich mich. Denn ich glaube, daß ich daran ein klein wenig mitgewirkt habe."

Ecclestone und Mosley: Ab 1994 neue Regeln

Zweimal hatten in den vergangenen beiden Jahren Williams-Piloten dank überlegener Technik gewonnen, die Verfolger geradezu degradiert. Die Formel 1 war langweilig geworden. Bernie Ecclestone reagierte: Für 1994 wurde ein neues Reglement angekündigt. Viele elektronische Hilfsmittel, die gerade erst für viel Geld von den Teams entwickelt worden waren, sollten verboten werden. Damit sollte verhindert werden, daß wieder ein einzelner Fahrer in der Tabelle auf und davon zog.

Diesen Fahrer gab es trotzdem. Man mußte ihn gewaltsam stoppen.

Die gemeinsame Fahrt in Ungarn täuscht. Schumacher hängt Patrese mit 52:20 Punkten klar ab

MICHAEL SCHUMACHER

Lehrjahr

In der Nacht vor dem Großen Preis von Portugal versuchte ich, nach einem harten Tag endlich einzuschlafen. Aber mir flimmerten die langen Telemetrie-Aufzeichnungen vor den Augen. Wir waren einfach nicht mit meinem Auto zurechtgekommen. Irgendwo war der Hund begraben und keiner wußte wo. Als im Warm-up die Daten immer schlimmer wurden, bin ich freiwillig ins T-Car gestiegen. Und prompt habe ich das Rennen gewonnen. Auch in Hockenheim habe ich, nur wenige Minuten vor dem Start, auf das Ersatz-Auto gewechselt und bin auf Platz 2 gelandet. Eigentlich hätte ich mir das für die beiden Finalläufe der Saison 1993 merken sollen. Wenn ich auf die Ersatzautos umgestiegen wäre, wäre ich vielleicht doch noch Dritter in der WM geworden...

Zugegeben, ich hatte wirklich von Rang 3 geträumt. Daß stattdessen der vierte Platz als Endergebnis rausschaute, war aber auch keine Katastrophe. Was meinen persönlichen „Karriere-Fahrplan" anging, war ich mit diesem Resultat mehr als zufrieden. Denn 1993 war ja erst mein zweites volles Formel-1-Jahr.

Ich bin durchaus der Meinung: Ein Rennfahrer muß vom ersten Rennen an zeigen, daß er mit der Leistungsklasse, in der er gerade antritt, zurechtkommt. Und ich denke, daß ich das seit Spa 1991 auch

Ergebnisse 1993

14.3., Südafrika (Kyalami)
Pole: Prost (F), Williams-Renault
1. Prost (F), Williams-Renault
2. Senna (BR), McLaren-Ford
3. Blundell (GB), Ligier-Renault
Schumacher: Kollision, 40. Runde

28.3., Brasilien (São Paulo)
Pole: Prost (F), Williams-Renault
1. Senna (BR), McLaren-Ford
2. Hill (GB), Williams-Renault
3. Schumacher (D), Benetton-Ford

11.4., Europa (Donington)
Pole: Prost (F), Williams-Renault
1. Senna (BR), McLaren-Ford
2. Hill (GB), Williams-Renault
3. Prost (F), Williams-Renault
Schumacher: Dreher, 23.Runde

25.4., San Marino (Imola)
Pole: Prost (F), Williams-Renault
1. Prost (F), Williams-Renault
2. Schumacher (D), Benetton-Ford
3. Brundle (GB), Ligier-Renault

9.5., Spanien (Barcelona)
Pole: Prost (F), Williams-Renault
1. Prost (F), Williams-Renault
2. Senna (BR), McLaren-Ford
3. Schumacher (D), Benetton-Ford

23.5., Monaco (Monte Carlo)
Pole: Prost (F), Williams-Renault
1. Senna (BR), McLaren-Ford
2. Hill (GB), Williams-Renault
3. Alesi (F), Ferrari
Schumacher: Hydraulik, 33.Runde

13.6., Kanada (Montreal)
Pole: Prost (F), Williams-Renault
1. Prost (F), Williams-Renault
2. Schumacher (D), Benetton-Ford
3. Hill (GB), Williams-Renault

4.7., Frankreich (Magny-Cours)
Pole: Hill (GB), Williams-Renault
1. Prost (F), Williams-Renault
2. Hill (GB), Williams-Renault
3. Schumacher (D), Benetton-Ford

11.7., England (Silverstone)
Pole: Prost (F), Williams-Renault
1. Prost (F), Williams-Renault
2. Schumacher (D), Benetton-Ford
3. Patrese (I), Benetton-Ford

25.7., Deutschland (Hockenheim)
Pole: Prost (F), Williams-Renault
1. Prost (F), Williams-Renault
2. Schumacher (D), Benetton-Ford
3. Blundell (GB), Ligier-Renault

15.8., Ungarn (Budapest)
Pole: Prost (F), Williams-Renault
1. Hill (GB), Williams-Renault
2. Patrese (I), Benetton-Ford
3. Berger (A), Ferrari
Schumacher: Benzin-Druck, 27. Runde

29.8., Belgien (Spa)
Pole: Prost (F), Williams-Renault
1. Hill (GB), Williams-Renault
2. Schumacher (D), Benetton-Ford
3. Prost (F), Williams-Renault

12.9., Italien (Monza)
Pole: Prost (F), Williams-Renault
1. Hill (GB), Williams-Renault
2. Alesi (F), Ferrari
3. Andretti (USA), McLaren-Ford
Schumacher: Motor, 22.Runde

bewiesen habe. Aber die Formel 1 ist nicht irgendeine Nachwuchsklasse. Die Formel 1 ist die schwierigste und komplexeste Rennserie der Welt, und man muß sich darüber im klaren sein, daß man mehrere Jahre braucht, um wirklich alles im Griff zu haben. Da bei diesem Reifeprozeß auf Anhieb viele gute Plazierungen rausgesprungen waren, konnte ich mehr als zufrieden sein.

Mit ein bißchen Glück, oder mit ein bißchen weniger Pech – das kann man sehen wie man will – hätte ich gut und gerne noch zwei bis drei Rennen mehr gewinnen können. Monaco auf jeden Fall, da gibt es keine Diskussion. Aber auch in Ungarn hätte ich durchaus gewinnen können, und über Spa und Adelaide wäre zu diskutieren.

Auf der anderen Seite mußte ich in dieser Saison einiges auf meine Kappe nehmen. Ich war mittendrin in der Lernphase. Nobody is perfect.

Die Konstrukteure hatten sich 1993 Dinge einfallen lassen, die mehr als beeindruckend waren. Was ein aktives Fahrwerk und die Traktionskontrolle ausmachten, war kaum in Worte zu fassen. Doch ich war froh, daß diese Technik 1993 zum letztenmal eingesetzt wurde. Sie verwischte die Unterschiede zwischen guten und nicht ganz so guten Fahrern. Und ich behaupte einfach mal, daß das nicht in meinem Sinne sein konnte...

26.9., Portugal (Estoril)
Pole: Hill (GB), Williams-Renault
1. Schumacher (D), Benetton-Ford
2. Prost (F), Williams-Renault
3. Hill (GB), Williams-Renault

24.10., Japan (Suzuka)
Pole: Prost (F), Williams-Renault
1. Senna (BR), McLaren-Ford
2. Prost (F), Williams-Renault
3. Häkkinen (SF), McLaren-Ford
Schumacher: Unfall, 11.Runde

7.11., Australien (Adelaide)
Pole: Senna (BR), McLaren-Ford
1. Senna (BR), McLaren-Ford
2. Prost (F), Williams-Renault
3. Hill (GB), Williams-Renault
Schumacher: Motor, 20.Runde

Fahrer-WM

1.	A. Prost (F), Williams-Renault	99
2.	A. Senna (BR), McLaren-Ford	73
3.	D. Hill (GB), Williams-Renault	69
4.	M. Schumacher (D), Benetton-Ford	52
5.	R. Patrese (I), Benetton-Ford	20
6.	J. Alesi (F), Ferrari	16
7.	M. Brundle (GB), Ligier-Renault	13
8.	G. Berger (A), Ferrari	12
9.	J. Herbert (GB), Lotus-Ford	11
10.	M. Blundell (GB), Ligier-Renault	10
11.	M. Andretti (USA), McLaren-Ford	7
	K. Wendlinger (A), Sauber	7
13.	JJ Lehto (SF), Sauber	5
	Ch. Fittipaldi (BR), Minardi-Ford	5
15.	M. Häkkinen (SF), McLaren-Ford	4
	D. Warwick (GB), Footwork-Mugen	4
17.	R. Barrichello (BR), Jordan-Hart	2
	P. Alliot (F), Larrousse-Lamborghini	2
	F. Barbazza (I), Minardi-Ford	2
20.	E. Comas (F), Larrousse-Lamborghini	1
	A. Zanardi (I), Lotus-Ford	1
	E. Irvine (GB), Jordan-Hart	1

Konstrukteurs-WM

1. Williams-Renault (168), 2. McLaren-Ford (84), 3. Benetton-Ford (72), 4. Ferrari (28), 5. Ligier-Renault (23), 6. Lotus-Ford (12), 7. Sauber (12), 8. Minardi-Ford (7), 9. Footwork-Mugen Honda (4), 10. Jordan-Hart (3), 10. Larrousse-Lamborghini (3), 12. Lola BMS-Ferrari 0, 12. Tyrrell-Yamaha (0)

Saisonbilanz 1994

Michael Schumacher
8 Siege, 92 Punkte,
Weltmeister

1994 Michael

Benetton B194. 3,5 Liter V8, 730 PS

DIE TEAMKOLLEGEN

Jos Verstappen

Niederländer,
geb. 04.03.1972

Formel-1-Debüt 1994
für Benetton

Saisonbilanz 1994

10 Punkte,
Zehnter der Fahrer-WM

Johnny Herbert

Brite, geb. 27.06.1964

Formel 1 seit 1989
für Benetton, Tyrrell,
Lotus

Bis Saisonbeginn 1994
47 GP-Einsätze,
18 WM-Punkte

Saisonbilanz 1994

0 Punkte

JJ Lehto

Finne, geb. 31.01.1966

Formel 1 seit 1989 für
Onyx, Dallara, Sauber

Bis Saisonbeginn 1994
54 GP-Einsätze,
9 WM-Punkte

Saisonbilanz 1994

1 Punkt,
24. der Fahrer-WM

wird die Nr. 1

Fassungslos und traurig: Michael in Imola

Adelaide. Journalisten feiern den Weltmeister 1994

Ein unfassbarer Triumph für Michael: Beim ersten Lauf der Saison hat er den großen Favoriten Ayrt

esseclub. Wer kann da die Kamera ruhig halten?

enna auf dessen Heimkurs Interlagos entthront

WILLY KNUPP

Tränen und Triumph

Der große Favorit starb in Imola. Ein weiterer Fahrer ebenfalls. Freunde und Weggefährten erlitten schwere Verletzungen. 1994 war für die Formel 1 eine grausame Episode und für Michael ein Schicksalsjahr. Am Ende stand der Titel. Und am Anfang ein Triumph nach dem anderen.

Die Freude sprang Michael aus den Augen. Er hatte gerade die ersten Testfahrten im neuen Benetton-Ford B194 absolviert und trotz der winterlich kühlen Witterung im englischen Silverstone schon ein erstes Resümee „erfahren“ können: „Der Wagen hat wirklich einen phantastischen Leerlauf.“

Zuerst dachte ich, ich würde meinen Ohren nicht trauen. Seit wann werden Rennen im Leerlauf gewonnen? Doch Michael blieb mir die Erklärung nicht schuldig: „Ein guter Leerlauf ist viel wichtiger als viele Leute glauben. Und zwar immer dann, wenn man sich mal gedreht hat. Dann ist nämlich die Gefahr besonders groß, daß der Motor abstirbt. Und da wir ohne externe Starter den Motor nicht wieder anbekommen, ist dann das Rennen zu Ende. Also, je besser der Leerlauf, desto geringer die Gefahr, daß ein Dreher das Aus bedeutet.“

Viel hatte sich an Michaels Renner geändert – nicht nur der Sponsor, und damit die Farbe. Die elektronischen Hilfen waren nun weitgehend verboten und Ford hatte einen nagelneuen Motor, den Ford-Zetec-R, nur für das Benetton-Team gebaut.

Michaels größtes Lob galt den Fortschritten, die im Bereich der Traktion gemacht worden waren: „Im vergangenen Jahr hat-

Formel-1-Rennergebnisse von 1994 auf den Seiten 140 – 141

Generationswechsel: Nur ein Fahrer mit Meistertitel geht in Brasilien an den Start: Ayrton Senna

ten wir ausgangs enger Kurven immer Schwierigkeiten. Beim Gasgeben unter- oder übersteuerte der Wagen. Das hat sich sensationell verbessert. Jetzt ist die Traktion hervorragend. Selbst, wenn ich es provozieren will, kann ich den Wagen nicht ausbrechen lassen." Ähnlich euphorisch berichtete Michael von seinem neuen Motor: „Das Triebwerk

OPTIMISTISCH FÜR 1994

hat 20 bis 30 PS mehr als sein Vorgänger. Aber noch wichtiger ist sein wirklich guter Drehmomentverlauf zwischen 7.000 und 14.500 Umdrehungen. Das wird sich besonders deutlich im Kurvenausgang bemerkbar machen."

Michael war also durchaus optimistisch, was die Saison 1994 anging. Auch wenn er einmal mehr auf dem Boden blieb, wenn es um seine Titelchancen ging: „Ich

Start in die Saison 94. Wie immer geht Senna von der Pole ins Rennen

habe ein Ziel und da kann ich mich nur immerzu wiederholen: Ich will Bester hinter den Williams werden. Wenn ich das schaffe, kann ich zufrieden sein. Senna ist der haushohe Favorit. Er ist der beste Fahrer im besten Chassis mit dem besten Motor."

Senna, das war ganz offensichtlich, sollte einmal mehr für Michael der Pol werden, nach dem er sich ausrichtete wie eine Kompaßnadel. Der dreifache Weltmeister hatte sich nach sechs Jahren von McLaren getrennt, saß nun endlich in seinem Traumauto, dem Williams-Renault.

Wieviel Michael mittlerweile auch auf dem Feld der psychologischen Kriegsführung dazugelernt

DRUCK BEI EINEM ANDEREN

hatte, zeigte sich in Brasilien. Als ihn die Journalisten fragten, wie hoch der Druck für ihn sei, antwortete Michael lächelnd: „Natürlich gibt es jede Menge Druck. Aber ich glaube, daß der Druck nicht bei mir liegt, sondern bei jemand ganz anderem."

Auch auf der Strecke behielt er die Nerven. Aus der ersten Reihe, neben Senna stehend, gestartet, merkte er sehr schnell: „Die einzige Möglichkeit, Senna zu überholen, ist der Boxenstopp zum Tanken. Solange mußte ich warten."

Die Freude über den ersten Saisonsieg ist grenzenlos. Michael hat das ganze Feld überrundet

Michael blieb ruhig, schaffte den schnelleren Tankstopp und hetzte dann Senna vor seinem heimischen Publikum in einen seiner seltenen Fahrfehler.

In verständlicher Hochstimmung stellte sich Michael nach dem Rennen den Journalisten: „Wenn Senna und ich Zweikämpfe hatten, sind die von wenigen Ausnahmen abgesehen, immer an Senna gegangen. Zum Beispiel Kyalami. Da hat er mich einfach vorgeführt. Diese Situation wird sich in der Zukunft wohl zu meinen Gunsten drehen. Nicht zuletzt, weil die Zeit auf meiner Seite steht. Ich bin jünger als Senna. Wenn ein Fahrer älter wird, das sieht man zum Beispiel an Prost, dann wird er vorsichtiger. Ich hoffe einfach, es zahlt sich aus, daß ich aufgrund meiner Jugend in gewissen Situationen risikofreudiger bin und deswegen auch mal die Fights gewinnen kann."

Als im japanischen Aida Michael schon wieder ganz oben auf dem Treppchen stand und Senna erneut mit einem Nuller nach Hause fahren mußte, dämmerte es den ersten von uns: In diesem Jahr könnte sich etwas Unerwartetes anbahnen. Michael blieb bei seiner Einstellung, nannte Senna trotz eines Rückstands von 20 Punkten weiterhin als unangefochtenen WM-Kandidaten und setzte seine Rolle als „hoffentlich Bester hinter Senna" fort. Auf seine WM-Führung angesprochen, antwortete er fast patzig: „Wenn einer die ersten beiden Rennen

UND DANN KAM IMOLA

der Saison gewinnt, dann führt er nun mal in der WM. Das ist ja wohl logisch, hat aber nichts mit dem Ausgang der WM zu tun."

Und dann kam Imola. Ein Wochenende, nach dem die Motorsportwelt anders aussehen sollte, kälter, häßlicher, und viel ärmer. Imola ist traditionell der erste Lauf der Saison auf europäischem Boden. Für viele beginnt die Saison jetzt erst richtig. Die lästigen Überseeflüge sind zunächst vorbei, die Teams können wieder näher an ihrer Basis operieren, dazu kommen die italienischen Fans, die gute toskanische Küche – mit anderen Worten, auf Imola freuen sich die meisten.

Eine Freude, die lähmendem Entsetzen weichen sollte. Seit 1982 hatte es keinen toten Grand-Prix-Piloten mehr gegeben. Als wollte irgendeine übergeordnete Macht die Formel 1 in ihre Grenzen verweisen, schlug das Schicksal ganz besonders grausam zu. Zuerst starb der Nachwuchspilot eines Newcomer-Teams, dann der große Star der Formel 1, Top-Pilot des Spitzenteams.

Wie für alle anderen war auch für Michael der Tod von Roland Ratzenberger am Samstagnachmittag ein Schock. Michael saß festangeschnallt in seinem Benetton in der Box, vor sich den Monitor mit den Livebildern aufgebaut. „Ich mußte das Bild

TRAINING ABGEBROCHEN

vom Unfall ausschalten. Ich konnte einfach nicht mehr hinsehen." Michael war so bestürzt über die Ereignisse, daß er sofort das Training abbrach und sich in seinen Transporter verzog. Nur für engste Freunde war er zu sprechen.

Michael, in dieser von der Öffentlichkeit abgeschirmten Umgebung voller Emotionen, konzentrierte sich trotzdem auf den rationalen Aspekt der Katastrophe, indem er das unterfinanzierte Simtek-Team angriff: „Ich finde es einfach nicht richtig, wenn Teams in die Formel 1 kommen, die noch nicht auf dem richtigen Level sind. Es darf nicht reichen, daß man einfach 500.000 Dollar Einschreibungsgebühr hinterlegt und schon das Recht hat, einen Formel 1 an den Start zu

Pressekonferenz in Interlagos. Ayrton Senna zollt Michael Respekt für seine starke Leistung

Sekunden vor der Katastrophe. An Sennas Wagen bricht die Lenksäule

Der Williams kracht in die Mauer. Senna verliert sofort das Bewußtsein

Keine Freude, keine Champagnerdusche bei der Siegerehrung in Imola

bringen. Die unterfinanzierten Teams haben weder das ausreichende Budget für Basis- und Materialforschung, noch für ausreichende Tests, noch können sie sich unter dem Aspekt der Materialermüdung einen großzügigen Teileaustausch leisten."

So richtig Michael mit diesen Worten lag, so deutlich war aber auch: Er zog mit dieser Argumentation in seinem Unterbewußtsein seine ganz persönliche Verteidigungslinie gegen den Schrecken dieses Unfalls. Hier war ein Rennfahrer Opfer eines technischen Defekts. Und dieser technische Defekt wiederum war Ergebnis von zu wenigen Tests und zu wenig Geld. Umkehrschluß einer solchen Erkenntnis: Wer in einem Spitzenteam mit Geld ohne Ende fährt, braucht vor solchen Unfällen keine Angst zu haben. Michael hat diesen Gedanken nie

ES KANN JEDEM PASSIEREN

ausgesprochen, aber ich bin mir sicher, daß eine Rennfahrerpsyche so funktioniert, so funktionieren muß.

Umso größer der Schock, als gerademal einen Tag später das Undenkbare geschah. Der beste Fahrer im besten Auto, ohne jegliche Fremdeinwirkung verunglückt tödlich. Die gerade mühselig konstruierte Verteidigungslinie brach wie ein Kartenhaus zusammen. Wenn Senna so etwas passieren kann, dann kann es jedem passieren. Jedem.

An diesem Wochenende war kaum einer in der

Beim Start in Monaco schießt Hill den Finnen Häkkinen ab. Freie Fahrt für Michael Schumacher

Lage, seine Emotionen unter Kontrolle zu bringen. Es gab ja auch noch den schweren Unfall von Rubens Barrichello, der bewußtlos aus seinem Auto geborgen werden mußte. Dann der schwere Startunfall von Pedro Lamy und JJ Lehto, bei dem mehrere Zuschauer von einem herumfliegenden Rad verletzt wurden. Und schließlich noch der Unfall von Michele Alboreto in der Boxengasse, der ebenfalls Verletzte forderte.

Michael, wieder Erster, wußte bei der Siegerehrung noch nicht, wie schwer Ayrton Senna verletzt war. Er verzog sich wie ein krankes Tier nach Monaco, wo er an der Seite von Corinna versuchte, die Eckdaten seines Lebens neu in den Griff zu kriegen. Für Michael hatte es immer nur Motorsport gegeben, und plötzlich war er sich seiner Sache nicht mehr sicher: „Ich wußte nicht, ob ich wirklich noch weiter Rennen fahren wollte. Ich brauchte dringend einen Test, ob ich überhaupt noch Freude am Fahren empfinden kann."

Am Tag, als Ayrton Senna von Millionen zu Grabe getragen wurde, zog Michael einsame Runden auf der Piste von Silverstone. Danach war für ihn

NICHT MEHR DER JÄGER

klar, daß er auch weiterhin für die 1 leben und kämpfen würde in diesem verteufelten Jahr 1994.

Drei Siege hintereinander hatte Michael auf seinem Konto. Der bis dahin zweitplazierte Gerhard Berger hatte 20 Punkte weniger. Nun war Michael nicht mehr der Jäger, der im Windschatten Sennas seine Position ausbauen konnte, jetzt war Michael die Leitfigur der Formel 1. Ob er wollte oder nicht.

Als es nach den Unfällen um die Gründung einer Fahrergewerkschaft ging, konnte Michael eine Führerrolle noch geschickt verhindern: „Selbstverständlich werde ich gerne mitarbeiten, aber ich glaube nicht, daß ein so junger

Fahrergewerkschaft: Lauda, Berger, Schumi

Unerwartet das Spitzenauto: Benetton B194

und unerfahrener Fahrer wie ich hier die Führung übernehmen sollte." Letztendlich sah die GPDA dann auch ein Vorsitzenden-Kollektiv vor, bestehend aus Michael, Gerhard Berger, Christian Fittipaldi und Niki Lauda.

Doch auf der Strecke war die Hierarchie eindeutig. Das erste Rennen nach

DIE ERSTE POLE-POSITION

Imola zeigte einen Michael Schumacher, der alles in den Schatten stellte: Erste Pole-position in seinem Leben und ein ungefährdeter Start-Ziel-Sieg. In den Rennen danach stand Michael, wann immer er das Rennen beendete, regelmäßig auf dem Treppchen, entweder auf dem zweiten Platz oder ganz oben. In Spanien wurde er Zweiter, in Kanada und Frankreich siegte er, in England beendete er das Rennen an zweiter Stelle, in Ungarn und Belgien siegte er wieder, ebenso beim Großen Preis von Europa in Jerez. Seine letzten sechs Punkte holte sich Michael mit einem zweiten Platz in Suzuka.

Insgesamt neunmal konnte Michael also das Rennen als Erster beenden. Doch wenn man ihn fragte, was seiner Meinung nach das wohl beste Rennen der Saison war, nannte er den großen Preis von Spanien, ein Rennen wo er „nur" Zweiter geworden war. Aber was für ein zweiter Platz war das. Es klang unglaublich, was Michael nach dem Rennen zu berichten wußte:

„Ich lag ganz bequem in Führung und war in

Alte Rivalen, neue Konkurrenten: Mika Häkkinen fährt für McLaren

Gedanken schon bei meinem anstehenden Tankstopp, als plötzlich mein Getriebe anfing zu spinnen. Den zweiten Gang hatte ich drin, in den dritten wollte ich, doch aus irgendwelchen Gründen klappte das nicht. Auch der Vierte funktionierte nicht und so blieb ich dann beim Fünften hängen. Danach war für mich in diesem Rennen Schluß mit dem Schalten.

Kannst Du Dir das vorstellen: Fast ein ganzes Rennen nur im fünften Gang. Doch ich hatte Glück im Unglück. Der fünfte Gang war der einzige Gang, in dem man auf dem spanischen Kurs das Rennen zu Ende fahren konnte.

Ich habe noch einmal während des Rennens versucht, einen anderen Gang einzulegen. Doch das Geräusch, das das Getriebe von sich gab, hielt mich von jedem weiteren Versuch ab. Selbst nach den beiden Tankstopps mußte ich mit schleifender Kupplung im fünften Gang wieder losfahren."

Spuren vom Testcrash: Teamkollege JJ Lehto

So glanzvoll dieses Ergebnis auch war, so symbolträchtig muß das Rennen in Barcelona im nach-

UNHEILDROHENDER SCHATTEN

hinein betrachtet werden. Denn dort in Spanien fingen die Schwierigkeiten an, die Michael nun wie ein unheildrohender Schatten verfolgen sollten.

Im Vorfeld des Großen Preises von Spanien kam es zu einer Konfrontation zwischen Benetton-Chef Flavio Briatore und FIA-Präsident Max Mosley. Die FIA hatte nach den schweren Unfällen sehr schnell – einige sagen: überstürzt – Reglementsänderungen durchgeführt, damit die Autos langsamer und sicherer werden. Michaels Chef Briatore, seine Machtposition falsch einschätzend, nahm dies zum Anlaß, Mosley scharf zu attackieren. Eine Attacke, die in der öffentlichen Bemerkung gipfelte, Mosley verstünde nichts von der Formel 1.

Klar, daß Mosley – „Ich habe schon Formel 1 gemacht, da verkaufte Briatore noch T-Shirts!" – so etwas nicht unwidersprochen hinnehmen würde. Zumal Steinwerfer Briatore in einem riesigen

Michael Schumacher vor Damon Hill und Gerhard Berger. Beim Großen Preis von Frankreich wird

M-Endstand vorweggenommen. Noch ahnt keiner, wie eng es am Ende wird

Glashaus saß. Denn Benetton wurde schon seit längerem des Einsatzes illegaler Techniken verdächtigt. Besonders die Traktionskontrolle wurde in diesem Zusammenhang immer wieder genannt. Elektronik-Spezialisten fanden im Auftrag der FIA tatsächlich in der Benetton-Blackbox ein Computer-Programm, das eine verbotene Startautomatik vorsah. Die konnte aber nur mit der ebenfalls verbotenen Traktionskontrolle funktionieren. Spekulationen waren Tür und Tor geöffnet. Da nützte es

LUNTE WAR GELEGT

auch nichts, daß die FIA Benetton nicht nachweisen konnte, daß dieses Programm auch tatsächlich eingesetzt wurde.

Die Lunte war gelegt, platzen sollte die Bombe in Silverstone. Auslöser war ein Fehler von Michael. Er überholte in der Vorstartrunde den Poleposition-Mann Damon Hill. Und dann überstürzten sich die Ereignisse. Die Rennleitung pennte und brauchte 14 Runden, bis sie Michael über eine Fünf-Sekunden-Stop-and-Go-Strafe informierte. Dann pennte die Benetton-Teamleitung, die glaubte, diese Zeitstrafe würde am Ende des Rennens dem Fahrer auf seine Rennzeit draufgerechnet. Klar, daß dann die Rennleitung, nachdem Michael partout nicht an die Box kommen wollte, zur schwarzen Flagge griff.

Was nun folgte, gehört zu den großen Rätseln der Formel 1. Michael fuhr trotz schwarzer Flagge einfach weiter, und in der Benetton-Box wurde so lange verhandelt, bis die schwarze Flagge wieder zurückgenommen wurde und Michael zur Zeitstrafe hereinkam. Darüberhinaus wurde das Benetton-Team nach Rennende wegen „Unkenntnis der Regeln" zu 25.000 Dollar Strafe verurteilt.

Nun hatte FIA-Präsident Max Mosley, noch angesäuert von Barcelona, seinen Auftritt. Er ließ sich die Unterlagen über den Vorgang nach Paris schikken und kam zu einem

URTEIL EINE KATASTROPHE

knallharten Urteil: Michaels sechs Punkte in Silverstone wurden aberkannt. Darüberhinaus wurde er für die nächsten zwei Rennen gesperrt.

Das Urteil war eine Katastrophe und erwischte Michael kalt. Nicht nur, daß er drei Rennen verlor – er durfte auch nicht bei seinem Heimat-Grand-Prix an den Start. Der Große Preis von Deutschland war seit Monaten ausverkauft, Tausende von Fans waren zum Zeitpunkt des Urteils bereits nach Hockenheim gepilgert, um „ihren" Michael zu sehen.

Michaels einzige Möglichkeit war ein Einspruch. Der konnte das Urteil erst einmal aufschieben, barg in sich aber die Gefahr, daß das Revisions-Gericht zu einem noch härteren Urteil finden würde. Michael war sich dieser Gefahr bewußt: „Ich brauche nur an Eddie Irvine zu denken, der nach seinem Unfall in Brasilien zu einer

Flaggenspiele: Schumacher wird in Silverstone die schwarze Flagge gezeig

Ein-Rennen-Sperre verurteilt wurde. Eddie ging gegen dieses Urteil vor, und bekam eine Drei-Rennen-Sperre aufgebrummt. Genau davor habe ich Angst."

Trotzdem entschied sich Michael für einen Einspruch, um in Hokkenheim starten zu können. Er ging das Risiko seinen Fans zuliebe ein. Und auch uns von RTL fiel ein Stein vom Herzen. Wir waren nun mal der Fernsehsender, der für die weltweite Übertragung des deutschen Grand Prix zuständig war. Ein Rennen in Deutschland ohne Michael wäre relativ reizlos gewesen.

Leider wurde Michaels guter Wille nicht belohnt. Michael fiel, an zweiter Stelle liegend, aus. Der erste richtige Nuller in diesem Jahr und der ausgerechnet vor seinem Publikum. „In einem solchen Moment rast alles vor deinem inneren Auge ab. Das Urteil von Paris, die Überlegung, ob ich fahren soll oder nicht, die Fans, der unbedingte Wille zu siegen. Und plötzlich alles aus, Schluß und vorbei. In mir machte sich eine totale Leere breit."

Doch es sollte noch schlimmer kommen: Beim ersten Tankstopp seines

VERSTAPPEN IM FLAMMENMEER

Teamkameraden Jos Verstappen saß der Holländer plötzlich in einem Flammenmeer. Als sich in den nachträglichen Untersuchungen der FIA herausstellte, daß Benetton an ei-

darf das Rennen nach einer Stop-and-Go-Strafe zwar fortsetzen, wird jedoch später disqualifiziert

nem Filter manipuliert hatte, um schneller tanken zu können, wurde die Situation langsam haarsträubend. Michael, der mittlerweile besonders in den deutschen Medien fast nur noch „Schummel-Schumi" und der „Schwarzfahrer" genannt wurde, sah einfach kein Land mehr.

Zum Glück konnte er dann in Ungarn eines seiner besten Rennwochenenden überhaupt hinlegen. Souveräne Pole-position, dann ein begnadetes Überholmanöver in der ersten Kurve und ein ungefährdeter Sieg. Michael war überglücklich: „Das war die richtige Antwort auf alle Beschuldigungen und Verdächtigungen."

Er konnte ja nicht wissen, was noch kommen sollte: Nämlich die Fortsetzung des Alptraums in Belgien.

Spa-Francorchamps war bis dahin für Michael immer nur positiv besetzt. Sein Formel-1-Debüt hatte er dort und ein Jahr später seinen ersten Grand-Prix-Sieg. Umso mehr freute er sich, als er am Ende des Rennens wieder ganz oben auf dem Treppchen stand. Und umso größer war die Enttäuschung, als er, schon längst von der Strecke abgereist, erfahren mußte, daß er erneut disqualifiziert worden war.

UNTERBODEN ZU DÜNN

Diesmal wurde von der FIA ein zu dünner Unterboden als Grund angegeben. Für Michael war schnell klar: „Wenn der Unterboden wirklich zu dünn war, dann gehöre ich halt disqualifiziert." Was Michael nicht verstehen konnte: daß dieser zu dünne Unterboden, den er eindeutig als Folge eines Drehers über die Randsteine wertete, daß dieser Unterboden nun ein weiterer Beleg dafür sein sollte, daß er und sein Team betrügen. Wer jetzt noch Zugang zu Michael hatte, mußte mit ansehen, wie Michael immer stärker verletzt wirkte.

Viele Fans empfinden, daß mit Michael zu hart umgesprungen wird

Wird er fahren? Vor seinem Heimrennen wirbelt Michael viel Staub auf

Triumphales Comeback. In Ungarn läßt Michael Damon keine Chance

Michael wurden also zehn Punkte gestrichen, nur noch 21 Punkte trennten ihn von seinem härtesten Verfolger Damon Hill. Und zu allem

GEFÜHL DER OHNMACHT

Überfluß bestätigte die Berufungsverhandlung in Paris die Sperre für zwei Rennen aus dem England-Grand-Prix.

Michael sprach später immer wieder von einem „Gefühl der Ohnmacht". Die Angriffe kamen von allen Seiten: Den Medien, der FIA, den konkurrierenden Teams und auch das Verhältnis zu seinem eigenen Team fing an zu knirschen. Als ich den Großen Preis von Italien mit Michael zusammen von Monaco aus moderierte, war klar, daß Michael die Nase voll hatte. Fast unbewegt schaute er zu, wie Hill siegte, ohne daß seine Teamgefährten Verstappen und Lehto irgendetwas dagegen tun konnten. Der Ausgang des Rennens zeigte, wo Benetton ohne Michael stehen würde. Auch der kurz vor Saisonende eingewechselte Johnny Herbert brachte 1994 nicht die erhofften Punkte für die Konstrukteurs-WM.

Mit versteinerter Miene verschwand Michael nach Ende der Fernsehübertragung. Er war in der Schweiz, Ziel unbekannt. Aber im Alpenländle ging die Post ab. Michael und sein Manager hatten keine Lust mehr, tatenlos zuzusehen, wie das Benetton-Team Fehler machte und sie dann auf ihre Kosten zu entschuldigen versuch-

Die Formel 1 ist ein Karussell: Michael könnte in Japan die WM gewinnen – aber Hill kann kontern

GP Monza: Schumacher und Knupp sehen fern

Handschlag: Ecclestone will die Versöhnung

te. Als Michael wieder auftauchte, war zweierlei passiert: Hill hatte auch den

NEUER VERTRAG MIT BENETTON

Großen Preis von Portugal gewonnen, lag also nur noch einen Punkt hinter Michael. Und er hatte einen neuen Vertrag mit Benetton ausgehandelt. Einen Vertrag, der die Laufzeit von 1996 auf 1995 verkürzte und die Bezüge verdoppelte. Das Duo Weber/Schumacher hatte dem Benetton-Team gezeigt, wo der Bartel den Most holt.

Solchermaßen gestärkt, erschien Michael vor Selbstsicherheit und Zuversicht strotzend in Jerez, um den Großen Preis von Europa in Angriff zu nehmen. Wie sehr er auf Angriff gepolt war, zeigten auch seine Attacken gegen Hill, die er in der englischen Presse plazierte: „Ich habe den Respekt vor dem Briten verloren, sowohl vor dem Menschen als auch vor dem Rennfahrer." Als Michael den Briten dann auch noch mit einem fehlerfreien Sieg auf der Strecke klar schlug, schien für Michael die Welt wieder in Ordnung.

Es war für alle ganz offensichtlich, daß Michael davon ausging, beim vorletzten Lauf, dem großen Preis von Japan in Suzuka, die WM endgültig zu entscheiden.

Der Rennausgang muß dann ein Schock für Michael gewesen sein. Nicht

„SQUARE AND FAIR"

nur, daß Hill das Rennen gewonnen hatte, sondern Hill hatte ihn auch noch besiegt. Und zwar „square

Hill kämpft verbissen. 36 Runden hängt er in Michaels Getriebe und zwingt ihn zu einem Fehler

Damon Hill touchiert Michael, der fliegt spektakulär ab. Der Brite kann sich an die Box retten

Frustriert steht Michael abseits und wartet auf Damon Hill. Für den kommt das Ende in der Box

and fair" wie die Briten sagen. Ich bin mir sicher, daß das Michael deswegen so getroffen hat, weil er diese Möglichkeit gar nicht mehr in Betracht gezogen hatte. Sein versteinertes Gesicht, das er auf dem Podest zeigte, sprach Bände.

Die Emotionen waren zum Saisonfinale in Adelaide kaum noch unter Kontrolle zu bringen. Nur ein Punkt Differenz zwischen Michael und Damon.

Schon als Michael beim Freitag-Training mit seinem Benetton in die

RENNEN WAR EIN THRILLER

Leitplanken knallte, war allen klar, daß die Beteiligten mit hochgeklapptem Visier kämpfen würden. Das Rennen selber war ein unglaublicher Thriller. Michael war glänzend – aber Hill war es auch. Und während man von Michael Brillanz mittlerweile gewohnt war, war Hills Leistung für viele eine Überraschung. Oder zumindest eine Bestätigung der Überraschung von Suzuka.

Wie stark sich Michael unter Druck fühlte, zeigte die 36. Runde. In der Flinder-Street machte er einen Fehler und knallte an eine Betonmauer. Doch sein Wagen kam wieder auf die Strecke zurück und ging noch vor Hill in die nächste Rechts-Kurve. Hill versuchte, rechts an ihm vorbeizukommen. Aber da war kein Raum. Beide Wagen verhakten sich. An Hills Wagen knickte die Vorderradaufhängung ein.

Die Bilder ließen Millionen Menschen in aller

Enttäuschung auf Michaels Gesicht. Der WM-Titel scheint verloren

Minuten der Verzweiflung: Am liebsten möchte er sich verkriechen

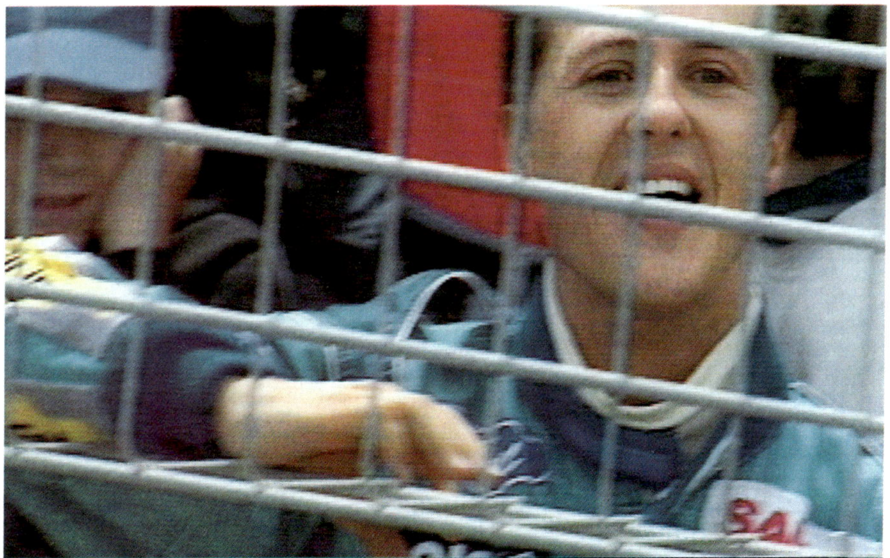

Die Erlösung: Damon Hill ist ausgefallen – und Michael Weltmeister

Position 1: „Schu“ ist Champ 1994. Briatore und Walkinshaw tragen ihn auf ihren Schultern

Welt das Blut in den Adern gefrieren. Ein zutiefst enttäuschter Michael am Streckenrand und dann ein fassungsloser Damon Hill in der Williams-Box…

Die Benetton-Party in Adelaide war rauschend. Michael tanzte bis in die Morgenstunden, entfesselt, glücklich.

Hill schenkte ihm anerkennende Worte, und Michael entschuldigte sich bei ihm für abwertende Bemerkungen im Chaos der letzten Wochen. Die englische Presse attackierte Deutschlands ersten Weltmeister. Er habe Damon absichtlich von der Bahn geschubst, um den Titel zu retten. Aber Michael war ja nur der Rennfahrerregel gefolgt: Wer vorne ist, dem gehört die Kurve.

Damon Hill wird 1995 erneut nach der Krone greifen. Und Michael nach seiner zweiten.

Jubelnde Fans feiern ihren Schumi in Kerpen

Williams besiegt Briatore in der Marken-WM

Kerpens Bürgermeister (r.) empfängt den glücklichen Weltmeister und seine Familie im Rathaus

Blick nach vorn

Wo soll ich anfangen, wenn es um „mein" 1994 geht? Soll ich von den Disqualifikationen erzählen? Von den herben Verdächtigungen und den unfairen Presseattacken? Eigentlich will ich das viel lieber abhaken und meinen Blick nach vorne richten.

Als Kind habe ich mich nicht sonderlich für die Formel 1 interessiert. Es fällt mir deshalb manchmal auch schwer, bestimmte Ereignisse, die ich selber erlebt habe, in die Geschichte des Motorsports oder der Formel 1 einzuordnen.

Aber ich glaube, daß ich auch ohne diesen Hintergrund behaupten darf: das Formel-1-Jahr 1994 zählt zu den bewegendsten und aufwühlendsten der Grand-Prix-Geschichte.

Das sage ich nicht, weil ich in dieser Saison Weltmeister wurde. Wie gesagt, früher war die Formel 1 für mich kein Thema. Es stimmt deshalb auch nicht, wie so oft geschrieben wird, daß es immer mein Ziel war, eines Tages Grand-Prix-Fahrer zu werden. Logischerweise stimmt es genauso wenig, daß ich immer davon träumte, eines Tages mal Weltmeister zu werden.

Erst als ich 1990 die Deutsche Formel-3-Meisterschaft gewinnen konnte, nahm ich erstmals die Königsklasse ins Visier. Und als ich kaum ein Jahr später plötzlich dazugehörte, war es selbstverständlich sehr schnell mein Ziel, auch dort zu den Besten zu gehören.

Doch Weltmeister konnte ich im vergangenen Jahr nur werden, nachdem Ayrton Senna tödlich verunglückt war. Er war die beherrschende Fahrerfigur im besten Team. An seiner Vormachtstellung hätte ich in jenem Jahr nichts ändern können, auch wenn die ersten Rennen so vielversprechend verliefen.

Der Verlust Ayrton Sennas hat viele tragische Facetten. Für seine Familie natürlich, für Brasilien, für die Formel 1, aber auch für mich. Unter anderem auch eine ganz egoistische. Ich will versuchen, das zu erklären.

Ich glaube, daß die meisten, die in der Formel 1 fahren, dies nicht wegen des Geldes tun, auch nicht wegen des möglichen Ruhmes. Sie haben nur ein Ziel: Zu zeigen, daß man unter den Besten der Beste ist.

Nun wissen wir alle, wie abhängig ein jeder Rennfahrer von der Technik, von seinem Team, von den Sponsoren ist. Ein wirklicher Vergleichsmaßstab, von allen akzeptiert und anerkannt, ist mehr als selten.

Ayrton Senna war in seinem Können über jeden Zweifel erhaben. Es war diese Absolutheit, die ihn prädestiniert erscheinen ließ, uns jungen Fahrern als Maßstab zu gelten. So undurchdringlich und unüberschaubar die Formel 1 auch sein mag: Wer einen Ayrton Senna auf der Strecke schlagen konnte, mußte zu den Besten gehören. Für alle, die in den letzten Jahren in die Formel 1 kamen, war Senna das Ziel und der Anspruch. Sein Tod hat uns den Maßstab genommen.

Ergebnisse 1994

27.3., Brasilien (São Paulo)
Pole: Senna (BR), Williams-Renault
1. Schumacher (D), Benetton-Ford
2. Hill (GB), Williams-Renault
3. Alesi (F), Ferrari

17.4., Pacific (Aida)
Pole: Senna (BR), Williams-Renault
1. Schumacher (D), Benetton-Ford
2. Berger (A), Ferrari
3. Barrichello (BR), Jordan-Hart

1.5., San Marino (Imola)
Pole: Senna (BR), Williams-Renault
1. Schumacher (D), Benetton-Ford
2. Larini (I), Ferrari
3. Häkkinen (SF), McLaren-Peugeot

15.5., Monaco (Monte Carlo)
Pole: Schumacher (D), Benetton-Ford
1. Schumacher (D), Benetton-Ford
2. Brundle (GB), McLaren-Peugeot
3. Berger (A), Ferrari

29.5., Spanien (Barcelona)
Pole: Schumacher (D), Benetton-Ford
1. Hill (GB), Williams-Renault
2. Schumacher (D) Benetton-Ford
3. Blundell (GB), Tyrrell-Yamaha

12.6., Kanada (Montreal)
Pole: Schumacher (D), Benetton-Ford
1. Schumacher (D), Benetton-Ford
2. Hill (GB), Williams-Renault
3. Alesi (F), Ferrari

3.7., Frankreich (Magny-Cours)
Pole: Hill (GB), Williams-Renault
1. Schumacher (D), Benetton-Ford
2. Hill (GB), Williams-Renault
3. Berger (A), Ferrari

10.7., England (Silverstone)
Pole: Hill (GB),Williams-Renault
1. Hill (GB), Williams-Renault
2. Schumacher (D), Benetton-Ford
3. Alesi (F), Ferrari
Schumacher: nachträglich disqualifiziert

31.7., Deutschland (Hockenheim)
Pole: Berger (A), Ferrari
1. Berger (A), Ferrari
2. Panis (F), Ligier-Renault
3. Bernard (F) Ligier-Renault
Schumacher: Motor, 21.Runde

14.8., Ungarn (Mogyorod)
Pole: Schumacher (D), Benetton-Ford
1. Schumacher (D), Benetton-Ford
2. Hill (GB), Williams-Renault
3. Verstappen (NL), Benetton-Ford

28.8., Belgien (Spa)
Pole: Barrichello (I), Jordan-Hart
1. Hill (GB), Williams-Renault
2. Häkkinen (SF), McLaren-Peugeot
3. Verstappen (NL), Benetton-Ford
Schumacher: disqualifiziert

11.9., Italien (Monza)
Pole: Alesi (F), Ferrari
1. Hill (GB), Williams-Renault
2. Berger (A), Ferrari
3. Häkkinen (SF), McLaren-Peugeot
Schumacher: gesperrt

25.9., Portugal (Estoril)
Pole: Berger (A), Ferrari
1. Hill (GB), Williams-Renault
2. Coulthard (GB), Williams-Renault
3. Häkkinen (SF), McLaren-Peugeot
Schumacher: gesperrt

16.10., Europa (Jerez)
Pole: Schumacher (D), Benetton-Ford
1. Schumacher (D), Benetton-Ford
2. Hill (GB), Williams-Renault
3. Häkkinen (SF), McLaren-Peugeot

6.11., Japan (Suzuka)
Pole: Schumacher (D), Benetton-Ford
1. Hill (GB), Williams-Renault
2. Schumacher (D), Benetton-Ford
3. Alesi (F), Ferrari

13.11., Australien (Adelaide)
Pole: Mansell (GB), Williams-Renault
1. Mansell (GB), Williams-Renault
2. Berger (A), Ferrari
3. Brundle (GB), McLaren-Peugeot
Schumacher: Unfall, 36.Runde

Fahrer-WM

1.	M. Schumacher (D), Benetton-Ford	92
2.	D. Hill (GB), Williams-Renault	91
3.	G. Berger (A), Ferrari	41
4.	M. Häkkinen (SF), McLaren-Peugeot	26
5.	J. Alesi (F), Ferrari	24
6.	R. Barrichello (BR), Jordan-Hart	19
7.	M. Brundle (GB), McLaren-Peugeot	16
8.	D. Coulthard (GB), Williams-Renault	14
9.	N. Mansell (GB), Williams-Renault	13
10.	J. Verstappen (NL), Benetton-Ford	10
11.	O. Panis (F), Ligier-Renault	9
12.	M. Blundell (GB), Tyrrell-Yamaha	8
13.	H.H. Frentzen (D), Sauber-Mercedes	7
14.	N. Larini (I), Ferrari	6
	Ch. Fittipaldi (BR), Arrows-Ford	6
	E. Irvine (GB), Jordan-Hart	6
17.	U. Katayama (J), Tyrrell-Yamaha	5
18.	E. Bernhard (F), Ligier-Renault	4
	K. Wendlinger (A), Sauber-Mercedes	4
	A. de Cesaris (I), Jordan-Sauber	4
	P. Martini (I), Minardi-Ford	4
22.	G. Morbidelli (I), Arrows-Ford	3
23.	E. Comas (F), Larrousse-Ford	2
24.	M. Alboreto (I), Minardi-Ford	1
	JJ Lehto (SF), Benetton-Sauber	1

Konstrukteurs-WM

1. Williams-Renault (118), 2. Benetton-Ford (103), 3. Ferrari (71), 4. McLaren-Peugeot (42), 5. Jordan-Hart (28), 6. Tyrrell-Yamaha (13), Ligier-Renault (13), 8. Sauber-Mercedes (12), 9. Arrows-Ford (9), 10. Minardi-Ford (5), 11. Larrousse-Ford (2)

TEAMKOLLEGE

Johnny Herbert

Brite, geb. 27.06.1964

Formel 1 seit 1989
für Benetton, Tyrrell,
Lotus, Ligier

Bis Saisonbeginn 1995
63 GP-Einsätze,
18 WM-Punkte

1995 Vom Jäger

Benetton-Renault B195. 3 Liter V10, ca. 710 PS

zum Gejagten

Neues Spiel, neues Glück?

Michael Schumacher wird seinen Titel verteidigen. Fünf Weltmeister schafften es bislang, ein Jahr nach ihrem Triumph wieder ganz oben zu stehen.

Das Team ist das gleiche – aber es steht unter Druck. Michael hat den Vertrag mit Benetton nach den Querelen 1994 um ein Jahr verkürzt. 1996 will er frei sein für neue Entscheidungen.

Nach acht Jahren wechselt Benetton den Motor. Der Wagen bekommt den Renault-V10, neu konstruiert nach dem aktuellen Reglement, das die Maschinen von 3,5 auf 3,0 Liter Hubraum abspeckt.

Aber die Teamchefs Flavio Briatore und Tom Walkinshaw sind weiter am Ruder. Auch der Top-Konstrukteur Ross Brawn. Vor allem aber der Fahrer, der 1994 die ganze Welt verblüffte.

Toi, toi, toi, Michael.

Das Briefing findet in einem der beiden LKW-Anhä

Vater und Sohn Benetton, ihre Fahrer 1995, Teamchef Briatore: Voll motiviert für die neue Saison

Der Kommandostand ist mit Technik vollgestopft

Miteigner Walkinshaw, Konstrukteur Brawn

Der neue Renault-V10 treibt 1995 Benetton und Williams an

Der Nachwuchs schläft nicht...

Willi Weber in seinem Stuttgarter Büro. Von hier aus lenkt der 52jährige Manager geschickt die Kar

Weltmeisters – und weiterhin sein Formel-3-Team

WILLI WEBER

Es wimmelt von Haien und Piranhas

Alle beneiden ihn: Michaels Manager bekommt von sämtlichen Einkünften des Weltmeisters 20 Prozent. Mindestens bis 1999. Aber der „Traumjob" hat auch seine Schattenseiten. Das kann keiner besser erzählen, als Willi Weber selbst.

Schon 1989 haben Michael und ich eine klare Absprache getroffen. Sie lautete: Er fährt Auto. Alles andere erledige ich.

Heute mache ich weitaus mehr, als normalerweise ein Manager für einen Rennfahrer tut. Ich versuche, ihm alle Probleme von den Augen abzulesen, ihn fröhlich zu stimmen. Denn ich weiß: Wenn er sich gut und fröhlich fühlt, dann bringt er optimale Leistung. Eine einfache Devise. Sie muß stimmen, sonst wären wir nicht in dieser kurzen Zeit zum Weltmeister aufgestiegen.

Wir sind ein eingespieltes Team, das zur richtigen Zeit zusammengefunden hat. Damals, 1989, als ich Michael ohne Gegenleistung für mein Formel-3-Team verpflichtete. Natürlich haben wir schon 1989 davon gesprochen, in die Formel 1 aufzusteigen. Davon träumen alle. Aber die Chancen waren nicht schlecht. Ich kannte die Formel 1 seit elf Jahren, hatte viele Bekannte in der Szene. Ich sprach fließend englisch, hatte Verhandlungsgeschick, wurde als seriöser Partner ernst genommen. Das waren meine wenigen Pluspunkte. Hinzu kamen die

Willi Weber hält sich im Hintergrund. Er hat aber immer ein wachsames Auge auf seinen Star

unendlich vielen Pluspunkte, die Michael mitbrachte.

Natürlich haben wir beide eine Menge lernen

CHEMISCH GEREINIGT

müssen, seit wir uns in der dünnen Höhenluft der Formel 1 bewegen. Ich bin aufgrund meiner Erfahrungswerte und meines Alters zweimal chemisch gereinigt, aber in der Formel 1 wimmelt es von Haien und Piranhas. Man muß lernen, sehr vorsichtig zu agieren, denn man trifft alle Leute zweimal. Ein Mechaniker, den man heute für unwichtig erachtet, steigt plötzlich zum Teamchef auf. Ein Journalist, über den man sich ständig ärgert, wird Pressechef eines Autokonzerns.

Man darf in diesem Gewerbe niemals Brücken abbrechen. Man muß geschickt verhandeln, darf nichts zerbrechen. Man darf aber auch nicht zu weich erscheinen. Einen großen Vorteil habe ich allerdings: Ich verkaufe das Beste, was es derzeit im Bereich des Motorsports gibt.

Michael und ich sehen uns sehr häufig, wir telefonieren täglich. Aber ich versuche, möglichst viele Dinge aufzufangen, um ihn damit nicht unnötig zu belasten.

Im Lauf der Zeit hat sich unser Verhältnis zu einer echten Freundschaft entwickelt. Dennoch haben wir voreinander sehr großen Respekt. Dieser

EINMALIGES BEWEGT

Respekt ist ein tragender Pfeiler in unserer Beziehung.

Michael Schumacher und ich haben im Motorsport etwas Einmaliges bewegt. Darauf sind wir beide stolz. Mein Ziel war seit Mitte der achtziger Jahre: Ich will einen deutschen Formel-1-Fahrer zum Weltmeistertitel bringen. Es können doch nicht nur Brasilianer oder Engländer Auto fahren. Ich hätte solange gesucht bis ich einen deutschen Fahrer gefunden hätte, der das Zeug zum Weltmeister hat.

Und ich suche weiter nach Talenten. Mein WTS-Team ist in der Motorsportszene eines der erfolgreichsten Teams überhaupt. Wir haben seit 1988 vier Deutsche Meister hervorgebracht: Joachim Winkelhock, Michael Schumacher, Pedro

4 FAHRER FÜR DIE FORMEL 1

Lamy und Jos Verstappen. Alle sind binnen kürzester Zeit in die Formel 1 umgestiegen – Lamy und Verstappen vielleicht zu schnell. Aber daran hatte ich keinen Anteil mehr, sie haben andere Betreuer.

Mit Ralf Schumacher habe ich einen ähnlichen Vertrag gemacht, wie seinerzeit mit seinem Bruder Michael. Er fährt auch ohne die sonst übliche Gegenleistung. Es ist zwar unkaufmännisch, aber für mich ist der Erfolg der eigentliche Lohn, und ich habe den Ehrgeiz, mindestens zwei Fahrer in der Formel 1 ganz nach vorne zu bringen. Und wenn beide den Namen Schumacher tragen, wäre das eine besondere Krönung meiner Aufbauarbeit.

Ralf muß natürlich noch einiges lernen. Er hat viel Talent und viel von Michaels fahrerischer Qualität abbekommen, nur ganz so schnell ist er noch nicht. Michael braucht drei Runden, um seine Bestzeit zu erreichen, Ralf braucht zehn. Aber er ist ja gerade erst 19.

Ich werde mit dem WTS-Team viel Arbeit und viel Zeit in Ralf Schumacher investieren. Es wurde in letzter Zeit viel darüber geschrieben, wieviel Motorsportmanager angeblich verdienen. Ich möchte dies am Beispiel von Ralf Schumacher einmal relativieren.

Die Investitionsphase für einen jungen Rennfahrer dauert fünf Jahre. Unser Zeitplan: Ralf Schumacher wird zwei Jahre Formel 3 fahren. Das kostet rund 2 Millionen Mark. Es wird sich wahrscheinlich ein Jahr Formel 3000 anschließen. Das sind nochmal 1,5 Millionen Mark. Im vierten Jahr kann er vielleicht Testfahrer in einem guten Formel-1-Team werden. Da bekommt er 100.000 Dollar, und ich 20 Prozent davon. Ich kriege also von investierten 3,5 Millionen Mark die ersten 20.000 Dollar zurück. Dies aber auch nur dann, wenn die Karriere schnurgerade nach Plan verläuft. Schafft es der Fahrer nicht, trage ich das finanzielle Risiko.

Bei Michael war es ein ähnlich schwieriges Rechenexempel. Er ist 1989

20 PROZENT VON NICHTS

bis 1991 Formel 3 und Gruppe C gefahren. Da hat er kein Geld bekommen. 20 Prozent von nichts ist verdammt wenig für einen Manager.

In der Formel 1 hat er 1992, im ersten vollen Jahr, 300.000 Dollar von Benetton erhalten – für mich blieben also 60.000 Dollar. Allein die Flugkosten haben 1992 diesen Betrag aufgefressen. Die Gesamtkosten für das Schumacher-Management – für Büroaufwendungen, Angestellte, etc. – liegen im Jahr bei rund 600.000 Mark. Man muß schon

DER MANAGER ZUM SPONSORING

Zu meinen Aufgaben gehört das Vermitteln von Sponsoren. Hier fließen nach dem Titel natürlich erhebliche Summen. Jeder Quadratzentimeter am Auto, am Overall und am Helm ist verplant. Es sind teure Werbeflächen. Das Auto gehört komplett dem Team, dort vermarktet Benetton selber die Flächen.
Auch an Helm und Overall sind Michael nur ein paar bestimmte Stellen zugewiesen, die wir vermarkten dürfen. Natürlich sprechen wir ständig mit dem Team, stimmen uns ab.
Es ist ein hartes Geschäft, in dem es um erhebliche Summen geht. Als wir auf den WM-Titel zugefahren sind, habe ich gedacht, die Sponsoren stehen Schlange. Weit gefehlt. Ich habe sehr hart für jeden Aufkleber arbeiten müssen. Das wurmt mich. Wir haben in Deutschland so lange auf einen Formel-1-Weltmeister verzichten müssen, da hatte ich mit mehr Interesse von Seiten der Industrie gerechnet. Aber ich glaube, der Apparat ist schwerfällig, man braucht einige Zeit, bis die Industriepartner begreifen, welche Chance sie haben: Fernsehen weltweit, Presse weltweit – und alles unter der positiven Flagge des Weltmeisters.

Manager-Treff: Dilk half in der Kartzeit, Weber in den Formeln 3 und 1

ein verdammter Rennsport-Fanatiker sein, um in diesem Geschäft durchzuhalten.

Aber es herrschen ohnehin ganz falsche Vorstellungen von den Einkünften eines Formel-1-Fahrers. Natürlich, ein frischgebackener Weltmeister kann Forderungen stellen. Ein alter Haudegen wie Nigel Mansell auch. Aber ich garantiere Ihnen: Von den 26 Formel-1-Fahrern bekommen höchstens zwölf Geld vom Team, alle anderen bringen Geld mit.

Daß Michael heute eine Menge verdient, ist ihm immer noch nicht ganz geheuer. Zu viele Jahre hat er um jede Mark kämpfen müssen. Er hat mit alten Reifen, die andere weggeworfen haben, Rennen gewonnen. Das prägt einen Mann, das bildet einen Charakter. Michael ist immer schon ein Kämpfertyp gewesen, der um jeden Preis gewinnen will. Aus diesem Holz werden Weltmeister geschnitzt.

Hinzu kommt, daß Michael ein unheimlich lieber, symphatischer junger Mann ist. Nur daraus ist zu erklären, daß immer wieder Menschen so viel Zeit und so viel Geld aufgebracht haben, um seine Rennleidenschaft zu finanzieren. Aber er hat auch alles genutzt, was man ihm gab. Es hat vielen Leuten Spaß gemacht, seine Begeisterung mitzuerleben – und an seinen Erfolgen beteiligt zu sein.

Als ich Michael im ersten Jahr unserer Zusammenarbeit fragte, was er sich zu Weihnachten wünscht, da hatte ich insgeheim schon ein funkgesteuertes Auto für ihn ausgesucht. Die waren damals groß in Mode. Und was wünschte er sich? Bücher mit Rennsport-Fachausdrücken in englisch und deutsch…

Michaels Charakter kennzeichnet auch seine absolute Aufrichtigkeit. Er kann nicht lügen. Deshalb kann nur derjenige, der ihn einigermaßen kennt, ermessen, wie sehr ihn der Ausdruck Schummel-Schumi getroffen hat. Ich kenne keinen ehrlicheren Menschen in meinem gesamten, riesigen Bekanntenkreis.

Das Jahr seines ersten Weltmeistertitels begann mit einer Tragödie, mit dem Tod von Ayrton Senna. Michael wird Jahre brauchen, bis er über seine Gefühle bei diesem unfaßbaren Ereignis wirklich offen reden kann.

Er hat seinen Titel Ayrton gewidmet. Viele haben nicht verstanden,

MIT MORD GEDROHT

warum er den Beisetzungsfeiern ferngeblieben ist, warum er daheim, in Europa, getrauert hat.

Es war meine dringende Bitte an ihn. Wir hatten Morddrohungen gegen Michael bekommen. Es gab Menschen in Brasilien, die Michael die Schuld am Tod ihres Nationalhelden gaben. Weil Michael mit 20:0 Punkten gegen Senna führte. Weil er wenige Meter hinter Ayrton fuhr, als dieser gegen die Mauer raste. Ich kann nicht nachvollziehen, was in den Köpfen vorging, aber ich weiß, daß viele Brasilianer Hitzköpfe sind.

Neustart zum Japan-GP 1994. Michael ist unter Dru

önnte heute Weltmeister werden. Jetzt kann Willi Weber nur wenig helfen

Ich hätte Michael nicht vor eventuellen Überreaktionen schützen können.

Michael hat es verstanden. Er ist sehr vorsichtig, beinahe fatalistisch. Und er hat einen extremen Aberglauben. Niemals gibt er irgendwelche Prognosen. Er hat Angst, daß dann genau das Gegenteil passiert. Wir haben damit Probleme untereinander.

ZWEITER MEISTERTITEL

Weil ich ein durch und durch optimistischer Mensch bin, immer daran glaube, daß sich meine Hoffnungen und Wünsche erfüllen.

Ich bin davon überzeugt, daß Michael 1995 seinen zweiten Weltmeistertitel holen kann. Erst zum Ende des Jahres werden wir überlegen, was 1996 sein wird. Es gibt keinerlei Vereinbarungen, 1996 mit McLaren-Mercedes zu fahren. Michael ist ein Siegertyp, er braucht ein Auto, mit dem er seinen Titel verteidigen kann. Wenn Benetton uns dieses Fahrzeug für 1996 zur Verfügung stellt und wir uns finanziell einigen, dann ist es Benetton. Es kann aber genauso ein Williams oder Ferrari sein.

Die Formel 1 wird in den nächsten Jahren einen unglaublichen Boom in Deutschland erleben. Sie wird vielen anderen Sportarten ebenbürtig sein. Ich freue mich, dabei zu sein.

Aber auch, wenn ich eines Tages nicht mehr Michaels Manager sein sollte – Freunde werden wir ganz sicher bleiben. Dafür habe ich diesen Jungen viel zu lieb gewonnen.

RALF SCHUMACHER

Auf unserer Kartbahn bin ich schneller

Familien-Clan: Rolf, Ralf, Michaels Corinna

Sechs Jahre jünger, aber ebenfalls eine Rennfahrerkarriere im Sauseschritt: Michaels Bruder Ralf könnte bald in der Formel 1 mitsprechen. Ralf hat nach dem Schulabschluß (Mittlere Reife) sofort auf eine Vollgaskarriere gesetzt. 1994 holte ihn Willi Weber, Michaels Manager, in sein Formel-3-Team. Der Druck, der auf dem Jungen liegt, ist gewaltig. Er muß Außerordentliches leisten, sonst heißt es rasch: Er hat alles seinem Namen zu verdanken.

Ich bin Rennfahrer, fahre in diesem Jahr wieder einen Formel-3-Wagen. 1994 wurde ich Dritter der Deutschen Meisterschaft. Ein Ergebnis, auf das ich stolz bin.

Immer öfter muß ich Interviews geben. Es gibt keines, in dem ich nicht auf meinen Bruder angesprochen werde. Natürlich finde ich es toll, daß man mich mit einem Formel-1-Weltmeister mißt. Aber man sollte dabei nicht vergessen, daß ich erst 19 bin. Natürlich ist auch für

AUCH GLÜCK GEHÖRT DAZU

mich die Formel 1 das große Ziel – jeder Rennfahrer will dorthin. Aber ob man es erreicht, hängt nicht nur vom Können ab. Auch Glück gehört dazu.

Daß aus unserer Familie zwei Rennfahrer kommen, liegt weniger an unseren Eltern. Sie hatten nicht den Ehrgeiz. Aber sie hatten eine Kartbahn, und das hat natürlich alles ein bißchen leichter gemacht.

Michael und ich haben viel auf eigene Faust trainiert. Wir hatten beide den Wunsch, Rennfahrer zu werden. Nur an die Formel 1 dachte keiner.

Sechs Jahre sind für Geschwister ein großer Altersunterschied. Als ich mit vier mein erstes Kart bekam, war Michael schon zehn und fuhr bei Club-Meisterschaften mit. Aber wir hatten trotzdem ein sehr inniges Verhältnis. Michael hat mir erklärt, wie er Kurven ansteuert, wie er das Fahrwerk ab-

Großer Bruder zeigt klein

Seit Michaels Erfolgen si

der, wo es langgeht. Nicht immer mit viel Freude

gemeinsamen Schraubereien seltener geworden

stimmt, wie man am besten überholt. Wir haben gemeinsam an den Karts geschraubt – und das machen wir, wenn er nach Hause kommt, immer noch.

Oft werde ich gefragt: Was unterscheidet Sie von Ihrem Bruder. Ja, was? Vielleicht, daß ich an manche Dinge eine Spur langsamer rangehe, als er. Vielleicht auch zwei Runden länger brauche, als er, ehe ich mich zu einer Vollgas-Kurve entscheide. Aber ich bin durchaus ein bißchen stolz darauf, daß ich auf der Kartbahn in Kerpen schneller bin als mein Bruder.

Der Mann, der Michael sein erstes Rennkart geschenkt hat, hat auch mir sehr geholfen. Gerd Noack, der Besitzer eines großen Karthandels in Frechen. Außerdem unterstützt mich die Familie Saßmannshausen aus Köln. Der wichtigste Mann in meiner Rennfahrerkarriere ist natürlich Willi Weber. Ihm gehört das WTS-Team, das in der Formel 3 so unglaublich erfolgreich ist. Vier Deutsche Meister sind aus diesem Team hervorgegangen, und alle sind in die Formel 1 gekommen. Einer davon ist sogar Weltmeister geworden: Mein Bruder.

Oft würde mir auch nur ein einziges PS genügen. Ich reite gern, hatte früher sogar einmal zwei Pferde. Aber die mußte ich verkaufen, weil mir die Zeit fehlte. Man muß sich im Leben für etwas entscheiden. Und für mich steht der Motorsport ganz obenan.

RALF SCHUMACHER

Ralf Schumacher, Michaels Bruder, wurde am 30. Juni 1975 in Kerpen geboren. Auch er saß mit vier Jahren zum erstenmal in einem Kart. Seit 1991 nahm Ralf an offiziellen Kart-Meisterschaften teil und heimste alle erreichbaren Trophäen ein: Sieger im NRW-Cup, Goldpokal-Sieger und Kart-Juniorenmeister. 1992 wurde er Vizemeister in der Deutschen Kartmeisterschaft.

Ralf fuhr 1993 in der ADAC/BMW-Formel Junior. Sie ist neben der AvD-Formel König die wichtigste Nachwuchsserie in Deutschland. Er beendete die Saison als Vizemeister hinter Ralf Kalaschek. Gleichzeitig ließ ihn Manager Willi Weber einige Testrennen in der Formel 3 fahren.

Seit 1994 ist Ralf Schumacher Opel-Werkspilot in Webers WTS-Team (Formel 3). In der Endstandstabelle rangiert der 19jährige in seiner ersten Saison als Dritter hinter Jörg Müller (25) und Alexander Wurz (20). Auch bei der inoffiziellen Formel-3-Weltmeisterschaft in Macau ließ Ralf aufhorchen: Er beendete den Lauf der besten F3-Piloten der Welt als Vierter. Sieger wurde 1994 sein Teamkollege Sascha Maassen (25). Auch er wird von Willi Weber betreut.

1995 wird Ralf weiterhin Formel 3 im WTS-Team fahren. Willi Weber sieht ihn in zwei oder drei Jahren in der Formel 1.

Ralf, der als Hobbies Reiten und Kartfahren angibt, lebt noch bei den Eltern in Kerpen.

FLAVIO BRIATORE

Michael war ein Glücksgriff für uns

Erfolgreicher Teamchef: Flavio Briatore

Der 44jährige Italiener Flavio Briatore kam zur Formel 1 wie die Jungfrau zum Kind: Sein Freund Luciano Benetton suchte jemanden, der sein Formel-1-Team auf Vordermann bringen konnte. Briatore war bis zu diesem Zeitpunkt Produktmanager bei Benetton. Er überlegte nicht lange und nahm das Angebot des Pullover-Königs an. Kaum einer gab Briatore eine Chance, doch er strafte alle Kritiker Lügen. Mit Geschick, ein bißchen Glück und einer großen Portion Selbstvertrauen brachte er den Rennstall dahin, wo er heute ist.

Es war ein unglaubliches Risiko – besonders für mich. Immerhin stand ich in der Formel 1 noch am Anfang meiner Erfahrungen. Und Benetton hatte mit dem dreimaligen Weltmeister Nelson Piquet und Roberto Moreno zwei sehr erfahrene Piloten. Aber ich hatte Michael in Spa-Francorchamps fahren sehen, ich hatte ihn zuvor in der Gruppe C einige Male beobachtet, und ich war davon überzeugt, daß meine Entscheidung richtig war.

GEGEN DAS TEAM DURCHSETZEN

Aber ich mußte mich auch gegen das Team durchsetzen. Piquet und Moreno, beide Brasilianer, waren sehr gut befreundet, das Team arbeitete gerne und gut mit ihnen. Dazu kam, daß wir schon in der Saison 1990 einen ungeplanten Fahrerwechsel hinnehmen mußten. Sicherlich erinnert sich jeder an den schrecklichen Hubschrauberunfall von Alessandro Nannini.

Ich wollte diesen jungen Deutschen. Es war so ein Gefühl, das mir sagte: „Der Junge ist in Ordnung, der bringt dir Glück." In Spa waren auch Frank Williams, Ron Dennis und Ferrari-Chef Fiorio an der Strecke – keiner versuchte, Michael für sich zu gewinnen.

Dann begann in Monza der Verhandlungsmarathon. Ich werde die Tage nie vergessen. Eddie Jordans Anwälte auf der einen Seite, Roberto Morenos Anwälte auf der anderen Seite und wir standen mit unseren Anwälten mittendrin. Derjenige, der davon am wenigsten mitbekam, war Michael. Er schlief. Als spät in der Nacht die Anwälte davongefahren waren, bin ich zu ihm gegangen und habe gesagt: „Michael, du fährst morgen unser Auto."

SCHOCK FÜR PIQUET

Danach ging alles sehr schnell. Bereits im ersten Training ließ Michael den erfahrenen Nelson Piquet ziemlich alt aussehen. Der stand die nächsten zwei Tage regelrecht unter Schock. Doch nicht nur er war von Michaels Zeiten beeindruckt. Alle Fahrer, einschließlich Senna, Mansell und Prost, trauten ihren Augen nicht. Michael war teuflisch schnell. Aber was ganz ungewöhnlich für einen jungen Fahrer war: Er blieb konstant schnell.

Durch die tollen Leistungen konnte Michael unser Team, das ziemlich skeptisch war, rasch überzeugen. Die Stimmung stieg von Training zu Training. Ich war sehr erleichtert. Unser Material war 1991 ausgezeichnet, wir gehörten sicherlich zu den drei Top-Teams. Doch ein schlechter Fahrer wird selbst mit dem besten Material nicht viel bringen. Umgekehrt ist der beste Fahrer mit schlechtem Material nicht zu großen Taten fähig.

Wir wuchsen eng und enger zusammen. Ich glaube, unser Team ist in der Formel 1 einmalig. Der

Betont enges Verhältnis – auch Kritik bringt Briatore mit italienischer Herzlichkeit an den Mann

Ein Italiener und ein Deutscher mit ehrgeizigem Ziel: Der zweite Weltmeistertitel ist angepeilt

Satz, Benetton sei eine große Familie, trifft durchaus zu. Die Mitarbeiter sind sehr jung und entsprechend enthusiastisch. Wir machen viele Scherze

SPASS AM LEBEN

untereinander, wir haben Spaß am Leben. Wir reisen um die Welt, haben Erfolg, verdienen viel Geld – da gibt es keinen Grund für schlechte Stimmung. Natürlich ist jeder voll konzentriert, wenn es um die Arbeit geht. Auch zwischen Team und Fahrern ist der Kontakt geradezu freundschaftlich. Das trifft auf Michael absolut zu, das ist mit Jos Verstappen aber ebenso und auch mit Martin Brundle war es nicht anders.

Natürlich ist mein Verhältnis zu Michael etwas Besonderes. Wir sind schließlich fast gleichzeitig in der Formel 1 gestartet. Der eine konnte vom anderen profitieren. Ich lernte ein Team zu organisieren, Michael lernte Rennen zu gewinnen.

Sein erster Sieg wird für mich der schönste Augenblick in meinem Leben als Formel-1-Teamchef bleiben. Ein Jahr nach Michaels Debüt, am gleichen Ort, stand er ganz oben auf dem Siegerpodest. Die Freude bei ihm und im Team war unbeschreiblich. Das Tollste aber war, daß Michael genau wußte, wem er diesen Erfolg zu verdanken hatte. Klar, seine Leistung als Fahrer war super. Dennoch bedankte er sich überschwenglich bei den Mechanikern, den Betreuern, beim gesamten Team. Er wußte, sie alle waren am Sieg beteiligt.

Michael war 22, als ich ihn ins Benetton-Team holte. Er mußte in den Wochen zuvor viele neue Situationen verarbeiten. Das Gerangel um seine Person hätte ihn durchaus nervös oder unkonzentriert machen können. Aber Michael blieb die Ruhe selbst. Er hat die Gabe, sich in kürzester Zeit auf neue Situationen

NUMMER 1 BLEIBEN

einzustellen, er arbeitet extrem professionell und gewissenhaft. Das hilft dem Team enorm.

Michael tut alles, was getan werden muß, um die Nummer 1 zu bleiben. Egal ob es um die Fitneß geht oder um die Ernährung – er macht in allen Punkten das Optimale.

Dieser Junge ist nicht nur in der Formel 1 Weltmeister. Für mich ist es auch weltmeisterlich, wie er im Leben steht. Mit festen Ansichten, mit absoluter Treue. Einen Freund zu vergessen, wenn man berühmt ist, das geht sehr schnell. Nicht bei Michael. Ich finde es wirklich toll an ihm, daß er den engen Kontakt zu Leuten aufrecht erhält, die ihm früher einmal geholfen haben – obwohl er längst in einer anderen Welt lebt.

Es wird manchmal behauptet, Michael sei schüchtern. Das liegt wohl daran, daß er nur sehr ungern in der Öffentlichkeit

Anfangs skeptisch – heute arbeitet das Benetton-Team mit großem Enthusiasmus für Michael

Dinge über sich und sein Privatleben bekannt gibt. Wenn man ihn aber besser kennt, mit ihm arbeitet und die meiste Zeit des Jahres mit ihm verbringt,

MANN MIT VIEL HUMOR

wird man sehr schnell feststellen, wie Michael wirklich ist: Ein aufgeschlossener junger Mann mit sehr viel Humor.

Klar, die Fans und die Presse fordern ihr Recht, wollen Michael sehen und ihn auch sprechen. Problematisch wird es erst, wenn Michael versucht, irgendwo in Ruhe eine Pizza zu essen. Es dauert normalerweise keine fünf Minuten, und jemand legt Michael sein Autogrammbuch auf die Pizza.

Eddie Jordan verliert Michael 1991 an Briatore

Nach den Diskussionen und Sperren 1994 konnte jeder feststellen, daß Michael durch diesen Zirkus nur noch stärker geworden war. Sein Comeback in Ungarn war mehr als beeindruckend. Kein Zeichen von Nervosität, keine Anspannung. Ein absolut souveräner Michael Schumacher fuhr wieder einmal allen davon.

Dabei war Michael während seiner Sperre alles andere als entspannt. Er mußte die Rennen am Bildschirm verfolgen. Lange konnte er einfach nicht

SCHULDLOS AM TROUBLE

begreifen, daß die Rennen stattfanden. Er brauchte einige Zeit, bis er die frustrierende Situation innerlich akzeptierte.

Michael war absolut schuldlos an dem ganzen Trouble, und auch dem Team kann man keine Vorwürfe machen, wenn man sich wirklich mit den Fakten befaßt. Er hat die schwarze Flagge von Silverstone nicht gesehen, weil er im Getriebe von Gerhard Berger hing. Und wir haben ihn aus einem einfachen Grund nicht informiert: Der Rennleiter stand direkt neben uns und konnte uns keinen Grund für Michaels Zeitstrafe nennen. Das war alles ziemlich konfus. Bei der nächsten schwarzen Flagge werde ich alles stoppen – auch unseren zweiten Fahrer.

Ganz schwer war für uns, die Aberkennung des

Neben beruflichem Erfolg auch privates Glück: Flavio mit seiner Verlobten Julia aus Dänemark

Weltmeisterschmiede: Briatores Büro im Benetton-Werk in Enstone

Schumacher, Brawn, Briatore und Walkinshaw: Die Säulen Benettons

Sieges von Belgien zu akzeptieren. Millionen Zuschauer haben gesehen, wie sein Wagen über die Kerbs gerutscht ist. Nur deshalb fehlten an der Planke ein paar Millimeter. Aber man muß in diesem Geschäft mit solchen Dingen leben.

Der Zwischenfall am Hockenheimring: Natürlich ist es sehr spektakulär, wenn plötzlich die gesamte Box inklusive einiger Leute in Flammen steht. Aber es ist auch fantastisch, daß das Team innerhalb von nur vier Sekunden das Feuer wieder gelöscht hatte. Ich glaube, das spricht eindeutig für die Professionalität des Teams Benetton. Unsere Techniker haben nur autorisierte Veränderungen an der Tankanlage vorgenommen. Unfälle kommen immer vor.

Sicherlich ist die Formel-1-Saison 1994 durch die übermäßig harten Strafen gegen Michael spannender geworden. Wir waren alle von den Urteilen sehr betroffen und enttäuscht, aber wir mußten damit leben. Jedenfalls hat das nicht meiner Beziehung zu dem einzigen Freund geschadet, den ich in der Formel 1, vom Team einmal abgesehen, habe: Bernie Ecclestone.

Die Formel 1 braucht dringend junge, starke Fahrer. Vor ein paar Jahren gab es Leute wie Lauda, Prost, Reutemann, Piquet. Große Namen, die große,

EINSAMER MICHAEL

spannende Kämpfe versprachen. Im Moment haben wir an der Spitze nur Michael. Er ist da zu einsam. Ich hoffe, daß wir bald wieder ein paar Talente haben, die mit Michael den Kampf aufnehmen können. Denn alles, was in der Formel 1 geschieht, passiert ja nur, weil Millionen Leute fernsehen. Sie wollen unterhalten werden – das ist unsere Aufgabe.

Ich hoffe, noch ein paar Jahre mit Michael zusammenarbeiten zu können. Michael ist absolut loyal. Wenn er einen Vertrag hat, erfüllt er ihn auch. Andererseits werde ich ihm nicht im Weg stehen, wenn es ihn zu McLaren-Mercedes oder einem anderen Team ziehen sollte. In diesem Geschäft können Sie niemanden halten, der nicht will.

Michael hat mit uns sein erstes Formel-1-Rennen gewonnen. Und er ist mit Benetton Weltmeister geworden. Diese Erfolge kann ihm und uns keiner mehr nehmen. Trotzdem möchte ich gerne noch einmal mit ihm Weltmeister werden – und den Konstrukteurstitel holen.

Alessandro (l) und Vater Luciano Benetton informieren sich vor Ort

DIE BENETTONS

Luciano Benetton steht an der Spitze der Unternehmensgruppe Benetton. Zu ihr gehören außer der Bekleidungskette zahlreiche Supermärkte, der Sportartikelhersteller Nordica – und der Rennstall. Luciano Benetton kaufte ihn 1985 dem britischen Industriellen Toleman ab.

Bei Toleman hatte Ayrton Senna 1984 seinen ersten Formel-1-Vertrag bekommen – und ihn während der Saison gelöst. Benettons Motorenpartner waren Hart (85), BMW (86), von 1987 bis 1994 Ford, ab 1995 Renault. Als Fahrer waren u.a. engagiert: Gerhard Berger (86), Alessandro Nannini (88-90) und Nelson Piquet (90-91).

1989 entließ Luciano Benetton den von Toleman übernommenen Team-Manager Peter Collins. Der Pullover-King übertrug die Teamleitung seinem Freund Flavio Briatore, der bis dahin keine Erfahrung in der Formel 1 gesammelt hatte. Zwei Jahre später stieß der Brite Tom Walkinshaw (Ex-Rennfahrer und Ex-Teamchef) als Miteigner zum Rennstall.

Briatore engagierte 1991 den dreimaligen F1-Weltmeister Nelson Piquet, der dem Team auch einen Sieg (Kanada) einfuhr. Im August 1991 glaubte Briatore spontan an das Talent des Deutschen Michael Schumacher und wechselte ihn gegen den glücklosen Roberto Moreno aus.

Präsident des Benetton-Teams ist heute der Sohn des Firmengründers, Alessandro Benetton. Die gesamte Familie ist der Formel 1 eng verbunden.

ERFOLGSBILANZ TEAM BENETTON

(Hieß von 1981-1985 Toleman)

Gefahrene Grand Prix: 201, Pole positions: 9, Siege: 15

Jahr	Motor	Fahrer	Platz	Punkte
1981	Hart Turbo	B. Henton/D. Warwick	–	–
1982	Hart Turbo	D. Warwick/T. Fabi	–	–
1983	Hart Turbo	D. Warwick/B. Giacomelli	9	10
1984	Hart Turbo	A. Senna/J. Cecotto/ S. Johansson/P. Martini	7	16
1985	Hart Turbo	T. Fabi/P. Ghinzani	–	–
1986	BMW Turbo	T. Fabi/G. Berger	6	19
1987	Ford Turbo	T. Boutsen/T. Fabi	5	28
1988	Ford	A. Nannini/T. Boutsen	3	39
1989	Ford	A. Nannini/J. Herbert/E. Pirro	4	39
1990	Ford	A. Nannini//N. Piquet/R. Moreno	3	71
1991	Ford	N. Piquet/R. Moreno/ M. Schumacher	4	38,5
1992	Ford	M. Schumacher/M. Brundle	3	91
1993	Ford	M. Schumacher/R. Patrese	3	72
1994	Ford	M. Schumacher/JJ Lehto J. Verstappen/J. Herbert	2	103

HARTMUT LEHBRINK

Zwei aus Kerpen

Wolfgang Graf Berghe von Trips war 1961 auf dem besten Wege, Deutschlands erster Formel-1-Weltmeister zu werden. Er kam aus derselben Gegend wie Michael Schumacher: Sein Geburtsort Horrem ist heute ein Stadtteil von Kerpen. Autor Hartmut Lehbrink vergleicht die beiden deutschen Rennfahrer: Parallelen und Gegensätze.

Formel-1-Aristokrat Graf Berghe von Trips

Bürger Schumacher: Verblüffende Ähnlichkeit

Daß wir vergleichen ist menschlich – wie Irren. Das ist der neue James Dean, der neue Kennedy, der neue Senna, sagen wir aus Sehnsucht nach Sicherheit und Kontinuität, und wir vergessen dabei, daß die Alten einmalig und unvergleichlich waren und unwiederbringlich weg sind.

Ist Michael Schumacher der neue Graf Trips? Natürlich nicht. Und doch gibt es Berührungspunkte bis hin ins Merkwürdige. Einer davon: Hoffnungsträger zu sein im Grand-Prix-Entwicklungsgebiet Deutschland. Ein anderer: Daß das Nest Manheim, wo Michael Schumacher mit erstem Wohnsitz gemeldet ist, und das Trips'sche Wasserschloß Hemmersbach so nahe beieinander liegen, daß man bei günstigem Wind einen Formel-1-Motor gut hören könnte, der am jeweils anderen Ort bei Volllast läuft. Ein dritter: Ihre Sprache – Hochdeutsch mit einer winzigen Einfärbung rheinischer Mundart. Bei Trips versetzt mit militärisch straffer Diktion, Erbstück von Vater Eduard, einem Offizier.

Und da driften die Identitäten bereits auseinander – Volkshelden beide, aber adressiert an ganz verschiedene Grundbedürfnisse der deutschen Seele. Schumi gehört zu uns hier unten, einer wie du und ich, zumindest scheint es so und ist auch gut so.

Der Reichsgraf Wolfgang Berghe von Trips hingegen war entschieden einer von denen da oben, eine Lichtgestalt wie aus einem Fürstenroman. „Der hatte so eine natürliche Würde“, erinnert sich Thomas Berendt, des Edlen Klassenkamerad am Pädagogium Otto Kühne in Bad Godesberg.

Dabei wurde der Rennfahrer Trips durchaus unter seinesgleichen groß. Der deutsche Motorsport der Fünfziger war Tummel- und Turnierplatz von rasender Nobility wie Wittigo Graf Einsiedel, Konstantin Graf Berckheim, Egon Graf Westerholt oder Paul Alfons Fürst von Metternich. Er war die letzte Domäne des Artusritters, der aus der Umfriedung seiner vier Wände hinauszieht ins standesgemäße Abenteuer. Erst mit dem Tod von Trips in Monza am 10. September 1961, an dessen Abend die ganze Nation in Tränen trauerte, brach die feudale Vergangenheit dieses Sports hierzulande weg. Es schlug die Stunde der Bourgeoisie: Des Bürgers Rolf Stommelen, der Bürger Stuck und Mass, Bellof, Winkelhock und Danner, des Bürgers Michael Schumacher.

Natürlich hat Schumacher den allzufrüh verstorbenen jungen Grafen längst überflügelt, in jeder Hinsicht: Am Ende der Saison 1994 war er auf 54 Grand Prix gestartet, genau doppelt so vielen wie Trips. Zehn davon hatte er gewonnen, fünfmal so viele wie jener. 1994 ist er souverän Weltmeister geworden, was dem anderen 1961 tragisch verwehrt blieb. Und: Aus all dem Kuddelmuddel um Schumachers Championat schälte sich unbestritten heraus, daß hier ein wahres Genie unterwegs war in der schwierigen Kunst, auf dem schnellsten Wege von A nach A zu gelangen.

Graf Trips hingegen hatte auch Glück: Der Zenit seiner Karriere fiel zusammen mit einer schier erdrückenden Überlegenheit von Ferrari im ersten Jahr der Anderthalbliterformel, und Männer wie Jim Clark, Graham Hill, John Surtees und Dan Gurney fuhren auf unzulänglichem Gerät hilf- und hoffnungslos hinterher. Irgenwie ahnte Trips bereits den Geist der neuen Zeit – und er mochte ihn nicht. Was er am 13. Januar 1960 bei der Gründung der Scuderia Colonia, einer Vereinigung von Rennfahrern aus Liebe zum Sport, im Kölner Palais Oppenheim zu sagen hatte, wirkt wie eine frühe Kampfansage an den schamlosen Produkt-Fetischismus unserer Tage: Das Auto dürfe eigentlich keine größere Rolle spielen als das Racket für den Tennisspieler.

Auch im Umgang mit dem Ruhm finden sich Ähnlichkeiten zwischen Wolfgang von Trips und Michael Schumacher: Abtauchen ins Ich, Rückzug ins Private, wo immer möglich – nur das dies heute ungleich schwieriger geworden ist, seit sich der Einzugsbereich der Medien ins Schlaf- und Badezimmer ausgedehnt hat. Das ist schon eine Reise wert, für Michael Schumacher die zum 150-Quadratmeter-Atoll seines Appartements in Monaco. Dort kann er sich dem Zugriff der Menge entziehen, ein Gleicher unter Gleichen, klassenloses Mitglied der Glitzeria im Dunstkreis der Grimaldis.

Graf Trips hatte es da noch viel einfacher. Um sich gegen die eigene Publicity abzuschirmen, hätte er nur die Zugbrücke heraufzuziehen brauchen – my castle is my home.

FERRARIS DEUTSCHER GRAF

Wolfgang Graf Berghe von Trips wurde am 4.6.1928 in Horrem geboren. Er fuhr von 1957-1961 27 Grand-Prix-Rennen für Ferrari und Porsche (1959). Zweimal siegte er, mit 56 WM-Zählern war er lange Zeit Deutschlands erfolgreichster F1-Fahrer, ehe Jochen Mass ihn mit 71 Punkten ablöste.
Wolfgang von Trips führte 1961 die WM-Tabelle an. Am 10. September hatte er in Monza erstmals in seiner Karriere die Poleposition. Es war das vorletzte Rennen der Saison. Während des Rennens kollidierte Trips mit Lotus-Fahrer Jim Clark. Der Deutsche starb, mit ihm 13 Zuschauer. Durch den Tod seines Teamkollegen rückte der Amerikaner Phil Hill in der Tabelle auf und wurde Weltmeister. Wolfgang von Trips wurde 31 Jahre alt.

Idol der Nation Anfang der Sechziger: Wolfgang von Trips im Ferrari auf Weltmeisterschaftskurs

Schumi-Fieber

Hockenheim. Knapp 150.000 Zuschauer finden rund um die Rennstrecke Platz, doch der Andrang a

ckets ist um ein vielfaches größer. Für 1995 ist das komplette Wochenende seit Januar ausverkauft

ICH BIN STOLZ
GERMAN CHAMPIONSHIP
F1
EIN ECHTER
Schumi
Fan
ZU SEIN
Ford
BELL
dem Besten ist der
PADDOCK
ONLY ADMIT PERSONNEL WEARING TABARDS OR PASSES NOT DELETED, INTO SPECIFIED AREAS

Freigegeben ohne Altersbeschränkung. Der jüngste Schumacher-Fan auf dem Weg zum Rennen

Fairplay auf Britisch. Es hat nicht geholfen

Auch im Urlaub nur ein Gedanke: Schumacher

Beim Heim-Grand-Prix ist Michael der Größte

FAN-

Heiß begehrt: Die Mütze des Weltmeisters

MICHAEL SCHUMACHER EDITION

Dekra betreut die Michael Schumacher-Fans. Ob Sie Mitglied in einem Fan-Club sind oder noch nicht: Jeder interessierte Motorsportfan bekommt die aktuellen News über Michael zugeschickt. Und das sogar kostenlos.

Dekras neue **Michael Schumacher Edition** bietet eine Palette beliebter Fan-Artikel an. Neben der bekannten Renn-Mütze gibt es verschiedene Fan-Jacken, außerdem eine Fan-Fahne, ein Fan-Feuerzeug und vieles andere mehr.

Kontaktadresse:

DEKRA PROMOTION
Postfach 81 02 07
70519 Stuttgart
Fax: 0711/7861-2614

MICHAEL SCHUMACHER EDITION
DEKRA

ROLF MOLL

Michael ist ein Star ohne Allüren

Dipl.-Ing. Rolf Moll, 66, ist Aufsichtsratsvorsitzender der Dekra e.V., außerdem Präsident der Obersten Nationalen Sportbehörde ONS und Sportpräsident des AvD. Michael unterstützt die Dekra-Aktivitäten zur Verbesserung der Verkehrssicherheit.

Kennengelernt habe ich Michael Schumacher 1991. Da fuhr der junge Kerpener noch in der Formel 3 und sammelte einen Sieg nach dem anderen.

Zu dem Zeitpunkt war Dekra bereits Sponsor der DTM. Es konnte gar nicht ausbleiben, auf das junge Talent aufmerksam zu werden. Endlich wieder ein Deutscher in der Königsklasse des Motorsports? Da schlug natürlich mein Herz als ONS-Präsident höher.

Damals sollte Michael in Silverstone einen Testlauf auf einem Jordan absolvieren. Und der verlief sensationell: Michael saß eine Woche später in einem Jordan in Spa am Start. Unser Firmenname an seinem Helm deutete schon an, daß sich hier eine Partnerschaft entwickelte, die bis heute Bestand hat.

Mein persönlicher Wunsch, diesem genialen Fahrer zu helfen, die Hürden, die bekanntlich vor dem Tor der Formel 1 stehen, aus dem Weg zu räumen, ist mit Unterstützung von Dekra in Erfüllung gegangen.

Ich mag hier nicht über Geld reden, aber ich muß Michael und auch seinem Management ein

SHOPS

MICHAEL SCHUMACHER COLLECTION

Michaels Management bietet die **Michael Schumacher Collection** an. Elf Firmen haben verschiedene Produkte entwickelt, die mit der Unterschrift des Weltmeisters ausgezeichnet sind. Diese Artikel sind im einschlägigen Fachhandel, in Kaufhäusern und über den Versandhandel zu beziehen.

MICHAEL SCHUMACHER COLLECTION

Zu der Produktpalette gehören z.Z.:
Spiele (ASS)
Felgen (BBS)
Rennbahnen (Dickie)
Modell-Autos (Paul's)
Sonnenbrillen (Primetta)
Telefonkarten (Sieger)
Schulartikel (Steinmann)
und andere Artikel.
Bezugsquellen erfahren Sie bei:

Michael Schumacher
Collection
c/o Michael Spatz
Consulting
Postfach 700438
70574 Stuttgart

(Bitte adressierten und mit 1 Mark frankierten Rückumschlag beilegen.)

Modelle: Von Michaels erstem Fiat zum B194

Von Sammlern geschätzt: Telefonkarten in limitierter Auflage

Partner seit Jahren: Michael Schumacher und Dekra-Chef Rolf Moll

Kompliment machen. Der offizielle Sponsorvertrag, der 1993 zustande kam, ist bis heute bezahlbar geblieben. Das ist wichtig für einen eingetragenen Verein wie Dekra, der natürlich gegenüber seinen Mitgliedern – und davon hat Dekra 47.000 – Rechenschaft ablegen muß.

Michael ist derzeit das Aushängeschild des deutschen Motorsports. Ein toller Fahrer ohne jegliche Starallüren. Er ist bei allem Erfolg, den er 1994 verbuchen konnte, der liebenswerte Junge von nebenan geblieben.

Ich wünsche Michael Schumacher allen erdenklichen Erfolg, und ich bin sicher, er wird ihn haben.

Prominente: Box-Star Henry Maske ist gerngesehener Gast an der Piste. Und Schumi am Ring

Spende: 40.500 DM bringt der WM-Overall für „Kinder in Not“. Dr. Thoma (RTL) und Frau danken

Privileg: In einem Tornado über Westeuropa – Michaels Kindheitstraum wird im WM-Jahr wahr

Presserummel: Souverän gibt Michael Auskunft – auch nach dem schwierigen Japan-GP 1994

Michael hat vieles lernen müssen. Auch glanzvolle Auftritte, wie bei der Sportgala in Ludwigshafen 19

Anmut und natürlichem Charme macht seine Verlobte Corinna Betsch eine gute Figur an seiner Seit

Die Liebe

Seit fünf Jahren geht Corinna mit Michael durch dick und dünn

Corinna Betsch ist die schöne Frau an Michaels Seite. Sie sind zusammen seit der Zeit, als beide 20 waren. Kennengelernt haben sie sich, als Michael in der Formel 3 um die deutsche Meisterschaft kämpfte. Corinna war kurz mit einem anderen Fahrer befreundet, die Liebe zerbrach, und da war Michael – für viele Gespräche, mit Trost und mit aufbauenden Worten. Es war ihnen schnell klar, daß sie zusammenbleiben wollten, um gemeinsam etwas aufzubauen.

Das zierliche Mädchen aus dem Sauerlandörtchen Halver war immer dabei. Als Michael deutscher Formel-3-Meister wurde. Als er mit dem Sauber-Mercedes-Team Markenweltmeister der Sportwagen-WM wurde. Als er in die Formel 1 einstieg. Sie war nicht dabei, als er 1994 in Japan ums Haar den Titel verspielte – da war sie krank. Sie war dabei, als er in Australien den sicheren, und dann doch wieder ungewissen Titel des Weltmeisters erhielt.

Corinna Betsch hat sich nicht an einen Erfolgreichen gehängt, als er bereits auf dem Thron saß. Sie hat mit ihm gekämpft. Sie hat ihm Mut gemacht, Kraft gegeben, seine Bedenken zerstreut. Ein Teil des Titels gehört auch ihr.

Ihren Job als kaufmännische Angestellte hat Corinna aufgegeben. Sie hat genügend zu tun als Weggefährtin eines Weltmeisters. Nach der WM 1993 haben sich beide verlobt.

Corinna hat für dieses Buch nicht selber geschrieben. Sie sagt: „Dann verlangen alle Kommentare von mir. Aber ich möchte unser Privatleben als Refugium bewahren.“

Wer könnte das nicht verstehen?

Glücksgefühl: Corinna gratuliert Michael auf ihre ganz persönliche Art

Corinna und Jenny – Michaels Herzdamen

Die Fitness ist sein Kapital. Kein anderer Formel-1-Fahrer trainiert so häufig und so ausdauernd

Auch auf seiner Yacht hat Michael das Steuer fest im Griff. Leider sind Törns mit Corinna selten

Michael holt Brötchen. Inkognito. In Monte Carlo schaut keiner richtig hin, wer vorbeiknattert

Das Weltmeisterschaftsauto von 1994. Mit ihm erkämpfte Michael die Startnummer 1 für 1995

MICHAEL SCHUMACHERS WEG ZUM FORMEL-1-WELTMEISTER

Rennergebnisse 1991

Ort	Schumacher	Sieger
Spa-Francorchamps	Ausfall 1. Runde	Ayrton Senna
Monza	5. Platz	Nigel Mansell
Estoril	6. Platz	Riccardo Patrese
Barcelona	6. Platz	Nigel Mansell
Suzuka	Ausfall 35. Runde	Gerhard Berger
Adelaide	Unfall 6. Runde	Ayrton Senna

Endstand 1991

	Fahrer	Fahrzeug	Punkte
1.	Ayrton Senna (BR)	McLaren-Honda	96
2.	Nigel Mansell (GB)	Williams-Renault	72
3.	Riccardo Patrese (I)	Williams-Renault	53
4.	Gerhard Berger (A)	McLaren-Honda	43
5.	Alain Prost (F)	Ferrari	34
6.	Nelson Piquet (BR)	Benetton-Ford	26,5
7.	Jean Alesi (F)	Ferrari	21
8.	Stefano Modena (I)	Tyrrell-Honda	10
9.	Andrea de Cesaris (I)	Jordan-Ford	9
10.	Roberto Moreno (BR)	Minardi-Ferrari	8
11.	Pierluigi Martini (I)	Minardi-Ferrari	6
12.	JJ Lehto (SF)	Dallara-Judd	4
	Bertrand Gachot	Jordan-Ford	4
►	Michael Schumacher (D)	Benetton-Ford	4

Rennergebnisse 1992

Ort	Schumacher	Sieger
Kyalami	4. Platz	Nigel Mansell
Mexiko-City	3. Platz	Nigel Mansell
São Paulo	3. Platz	Nigel Mansell
Barcelona	2. Platz	Nigel Mansell
Imola	Unfall 21. Runde	Nigel Mansell
Monte Carlo	4. Platz	Ayrton Senna
Montreal	2. Platz	Gerhard Berger
Magny-Cours	Unfall 18. Runde	Nigel Mansell
Silverstone	4. Platz	Nigel Mansell
Hockenheim	3. Platz	Nigel Mansell
Budapest	Flügel def. 64. Rd.	Ayrton Senna
Spa-Francorchamps	Sieger	Michael Schumacher
Monza	3. Platz	Ayrton Senna
Estoril	7. Platz	Nigel Mansell
Suzuka	Getriebe 14. Rd.	Riccardo Patrese
Adelaide	2. Platz	Gerhard Berger

Endstand 1992

	Fahrer	Fahrzeug	Punkte
1.	Nigel Mansell (GB)	Williams-Renault	108
2.	Riccardo Patrese (I)	Williams-Renault	56
► 3.	Michael Schumacher (D)	Benetton-Ford	53
4.	Ayrton Senna (BR)	McLaren-Honda	50
5.	Gerhard Berger (A)	McLaren-Honda	49
6.	Martin Brundle (GB)	Benetton-Ford	38
7.	Jean Alesi (F)	Ferrari	18
8.	Mika Häkkinen (SF)	Lotus-Ford	11
9.	Andrea de Cesaris (I)	Tyrrell-Ilmor	8
10.	Michele Alboreto (I)	Footwork-Mugen	6
11.	Erik Comas (F)	Ligier-Renault	4
12.	Karl Wendlinger (A)	March-Ilmor	3
	Ivan Capelli (I)	Ferrari	3
14.	Thierry Boutsen (B)	Ligier-Renault	2
	Pierluigi Martini (I)	Dallara-Ferrari	2
	Johnny Herbert (GB)	Lotus-Ford	2

Rennergebnisse 1993

Ort	Schumacher	Sieger
Kyalami	Kollision 40. Rd.	Alain Prost
São Paulo	3. Platz	Ayrton Senna
Donington	Dreher 23. Runde	Ayrton Senna
Imola	2. Platz	Alain Prost
Barcelona	3. Platz	Alain Prost
Monte Carlo	3. Platz	Ayrton Senna
Montreal	2. Platz	Alain Prost
Magny-Cours	3. Platz	Alain Prost
Silverstone	2. Platz	Alain Prost
Hockenheim	2. Platz	Alain Prost
Budapest	Benzindr. 27. Rd.	Damon Hill
Spa-Francorchamps	2. Platz	Damon Hill
Monza	Motor 22. Runde	Damon Hill
Estoril	Sieger	Michael Schumacher
Suzuka	Unfall 11. Runde	Ayrton Senna
Adelaide	Motor 20. Runde	Ayrton Senna

Endstand 1993

	Fahrer	Fahrzeug	Punkte
1.	Alain Prost (F)	Williams-Renault	99
2.	Ayrton Senna (BR)	McLaren-Ford	73
3.	Damon Hill (GB)	Williams-Renault	69
► 4.	Michael Schumacher (D)	Benetton-Ford	52
5.	Riccardo Patrese (I)	Benetton-Ford	20
6.	Jean Alesi (F)	Ferrari	16
7.	Martin Brundle (GB)	Ligier-Renault	13
8.	Gerhard Berger (A)	Ferrari	12
9.	Johnny Herbert (GB)	Lotus-Ford	11
10.	Mark Blundell (GB)	Ligier-Renault	10
11.	Michael Andretti (USA)	McLaren-Ford	7
	Karl Wendlinger (A)	Sauber	7
13.	JJ Lehto (SF)	Sauber	5
	Christian Fittipaldi (BR)	Minardi-Ford	5
15.	Mika Häkkinen (SF)	McLaren-Ford	4

Deutsche Formel-3-Meisterschaften

Rennergebnisse 1989

Ort	Schumacher	Sieger
Hockenheim	3. Platz	Frank Krämer
Nürburgring	3. Platz	Michael Bartels
Avus	3. Platz	Karl Wendlinger
Brünn	5. Platz	Michael Bartels
Zeltweg	Sieger	Michael Schumacher
Hockenheim	3. Platz	Heinz-Harald Frentzen
Wunstorf	12. Platz	Heinz-Harald Frentzen
Hockenheim	Ausfall	Karl Wendlinger
Diepholz	4. Platz	Heinz-Harald Frentzen
Nürburgring	5. Platz	Peter Zakowski
Nürburgring	Sieger	Michael Schumacher
Hockenheim	3. Platz	Michael Bartels

Endstand 1989

	Fahrer	Fahrzeug	Punkte
1.	Karl Wendlinger (A)	Ralt Alfa Romeo	164
2.	Heinz-Harald Frentzen	Reynard 893	163
	Michael Schumacher	Reynard 893	163
4.	Michael Bartels	Reynard 893	150
5.	Wolfgang Kaufmann	Dallara 389	138
6.	Peter Zakowski	Reynard 893	132
7.	Ellen Lohr	BSR 389	112
8.	Michael Boppes	Martini MK 58	108
9.	Frank Krämer	BSR 389	95
10.	Ralf Kelleners	Reynard 893	75
11.	Frank Schmickler	Reynard 893	74
12.	Franz Engstler	Reynard 883	65

Rennergebnisse 1990

Ort	Schumacher	Sieger
Zolder	Ausfall	Wolfgang Kaufmann
Hockenheim	Ausfall	Otto Rensing
Nürburgring	5. Platz	Wolfgang Kaufmann
Avus	Sieger	Michael Schumacher
Wunstorf	Sieger	Michael Schumacher
Norisring	2. Platz	Otto Rensing
Zeltweg	Sieger	Michael Schumacher
Diepholz	Sieger	Michael Schumacher
Nürburgring	3. Platz	Peter Zakowski
Nürburgring	Sieger	Michael Schumacher
Hockenheim	2. Platz	Mika Häkkinen

Endstand 1990

	Fahrer	Fahrzeug	Punkte
1.	Michael Schumacher	Reynard F390	148
2.	Otto Rensing	Ralt RT 34 VW	117
3.	Wolfgang Kaufmann	Reynard F390	81
4.	Klaus Panchyrz	Reynard F390	73
5.	Jörg Müller	Reynard F390	65
6.	Peter Zakowski	Reynard F390	61
7.	Ralf Kelleners	Eufra 390 VW	50
8.	Marco Werner	Ralt RT 34 Opel	47
9.	Ellen Lohr	Ralt RT 34 VW	41
10.	Frank Kraemer	Eufra 390 Opel	40
11.	Marc Hessel	Reynard F390	34
12.	Franz Binder	Reynard F893	26

Gruppe C Sportwagen-Weltmeisterschaften

Rennergebnisse 1990

Ort	Schumacher	Sieger
Suzuka	nicht am Start	Schlesser/Baldi
Monza	nicht am Start	Schlesser/Baldi
Silverstone	nicht am Start	Brundle/Ferté
Spa	nicht am Start	Mass/Wendlinger
Dijon	2. Platz	Schlesser/Baldi
Nürburgring	2. Platz	Schlesser/Baldi
Donington	nicht am Start	Schlesser/Baldi
Montreal	nicht am Start	Schlesser/Baldi
Mexico-City	Sieger	Mass/Schumacher

Endstand 1990

	Fahrer	Fahrzeug	Punkte
1.	Jean-Louis Schlesser (F)	Mercedes	49,5
	Mauro Baldi (I)	Mercedes	49,5
3.	Jochen Mass	Mercedes	48
4.	Andy Wallace (GB)	Jaguar	25
5.	Michael Schumacher	Mercedes	21
	Karl Wendlinger (A)	Mercedes	21
	Jan Lammers (NL)	Jaguar	21
8.	Martin Brundle (GB)	Jaguar	19

Rennergebnisse 1991

Ort	Schumacher	Sieger
Suzuka	Ausfall	Baldi/Alliot
Monza	Ausfall	Warwick/Brundle
Silverstone	2. Platz	Fabi/Warwick
Le Mans	5. Platz	Weidler/Herbert/Gachot
Nürburgring	Ausfall	Warwick/Brabham
Magny Cours	Ausfall	Rosberg/Dalmas
Mexico-City	Ausfall	Rosberg/Dalmas
Autopolis	Sieger	Schumacher/Wendlinger

Endstand 1991

	Fahrer	Fahrzeug	Punkte
1.	Teo Fabi (I)	Jaguar	86
2.	Derek Warwick (GB)	Jaguar	79
3.	Philippe Alliot (F)	Peugeot	69
	Mauro Baldi (I)	Peugeot	69
5.	Cor Euser (NL)	Spice	52
6.	Jochen Mass	Mercedes	45
	Jean-Louis Schlesser (F)	Mercedes	45
8.	Charles Zwolsman (NL)	Spice	44
9.	Michael Schumacher	Mercedes	43

Formel-1-Ergebnisse auf den hinteren Umschlagseiten